FICHA CATALOGRÁFICA
(Preparada na Editora)
Xavier, Francisco Cândido, 1910-2002.

X19c   *Cidade no Além & Imagens do Além* / Francisco Cândido Xavier, Heigorina Cunha, Espíritos de André Luiz e Lucius.
Araras, SP, 1ª edição, IDE, 2022.
144 p.: il.
ISBN 978-65-86112-29-0
1. Espiritismo 2. Imortalidade 3. Psicografia 4. Vida Futura I. Cunha, Heigorina, 1923-2013. II. André Luiz. III. Lucius. IV. Título.

CDD -133.9
-133.91
-133.901 3

Índices para catálogo sistemático:
1. Espiritismo 133.9
2. Espíritos: Comunicações mediúnicas: Espiritismo 133.91
3. Psicografia: Espiritismo 133.91
4. Imortalidade da alma: Espiritismo 133.901 3
5. Vida depois da morte: Espiritismo 133.901 3

ESPÍRITOS
ANDRÉ LUIZ E LUCIUS

CIDADE NO ALÉM
& IMAGENS DO ALÉM

CHICO XAVIER
HEIGORINA CUNHA

ide

ISBN 978-65-86112-29-0

1ª edição - agosto/2022
1ª reimpressão - junho/2024

Copyright © 2022,
Instituto de Difusão Espírita - IDE

Conselho Editorial:
Doralice Scanavini Volk
Wilson Frungilo Júnior

Produção e Coordenação:
Jairo Lorenzeti

Revisão de texto:
Mariana Frungilo Paraluppi

Capa:
Samuel Carminatti Ferrari

Diagramação:
Maria Isabel Estéfano Rissi

Parceiro de distribuição:
Instituto Beneficente Boa Nova
Fone: (17) 3531-4444
www.boanova.net
boanova@boanova.net

INSTITUTO DE DIFUSÃO ESPÍRITA - IDE
Av. Otto Barreto, 967
CEP 13602-060 - ArarasSP - Brasil
Fone (19) 3543-2400
CNPJ 44.220.10101-43
Inscrição Estadual 182.010.405.118
www.ideeditora.com.br
editorial@ideeditora.com.br

Todos os direitos reservados. Nenhuma parte desta publicação pode ser reproduzida, armazenada ou transmitida, total ou parcialmente, por quaisquer métodos ou processos, sem autorização do detentor do copyright.

SUMÁRIO

Apresentação 9
Uma palavra com Chico Xavier 11
Anotações em torno de Nosso Lar 15
Explicação necessária 23
1 - A cidade Nosso Lar 31
2 - Plano Piloto 36
3 - Detalhes da cidade extraídos das obras de André Luiz 41
4 - Localização de *Nosso Lar* – Esferas Espirituais 69
5 - Um dos Templos de Iniciação, no Ministério
    da União Divina 74
6 - O Castelo de vegetação 76
7 - Edifício da Governadoria – O Castelo de Nosso Lar 80
8 - A Cúpula do Castelo 83
9 - O Pavilhão do Restringimento 85
10 - Novos desenhos 90
11 - O Registro do Palácio do Cisne 94
12 - Retorno ao Campo da Música 97
13 - Grande surpresa – A Cruz 102
14 - O Bosque das Águas 107
15 - Reunião do Crepúsculo 109
16 - Colônia de Eurípedes Barsanulfo 113

SUMÁRIO DAS ILUSTRAÇÕES

1 - Legenda do Plano Piloto da cidade Nosso Lar 120
2 - Plano Piloto da cidade Nosso Lar 121
3 - Reprodução ampliada do Plano Piloto 122/123
4 - Primeiro desenho, incompleto, do Plano Piloto 124/125
5 - Planisfera com a localização da cidade 126
6 - Esferas Espirituais da Terra. 127
7 - Templo de Iniciação, no Ministério da União Divina 128
8 - O Castelo de Vegetação 129
9 - Edifício da Governadoria – O Castelo de Nosso Lar 130
10 - A Cúpula do Castelo da Governadoria 131
11 - Pavilhão do Restringimento 132
12 - Desenho do Restringimento 133
13 - Campo da Música 134
14 - Cúpula do Cisne 135
15 - Coreto 136
16 - A Cruz 137
17 - Bosque das Águas 138
18 - Reunião do Crepúsculo 139
19 - Colônia de Eurípedes Barsanulfo 140/141

APRESENTAÇÃO

Nossa querida irmã Heigorina Cunha nos trouxe este livro com desenhos de edificações urbanas que observou em suas excursões, em estado de desdobramento, no mundo espiritual.

Ela nos traz imagens de grande valor ilustrativo uma vez que se referem a edifícios e instituições existentes naquela cidade do espaço, já famosa no mundo inteiro em razão da revelação que nos foi feita, naturalmente com a permissão do Alto, e que constam nos livros da série *Nosso Lar*[*][1], de autoria do Espírito André Luiz, psicografados pelo querido médium Francisco Cândido Xavier.

E também, a planta baixa da cidade espiritual dirigida por Eurípedes Barsanulfo e que se encontra

---

[*] **Coleção A vida no mundo espiritual** – *Nosso Lar, Os mensageiros, Missionários da Luz, Obreiros da vida eterna, No mundo maior, Libertação, Entre a Terra e o Céu, Nos domínios da mediunidade, Ação e reação, Evolução em dois mundos, Mecanismos da mediunidade, Sexo e destino, E a vida continua...*, Editora FEB.

localizada sobre a região em que se situa, em nossa esfera, a cidade mineira de Sacramento, terra natal de ambos, da desenhista e do insígne Espírito, seu tio, quando encarnado.

E é com profunda satisfação que estamos editando, agora em um só volume, as obras "Cidade no Além" e "Imagens do Além" que nos oferece um material complementar e ilustrativo dessas belas obras do Espírito André Luiz.

Os Editores

UMA PALAVRA COM CHICO XAVIER

PERGUNTA: Poderíamos falar sobre o livro *Nosso Lar*, por exemplo, sobre as realidades do livro, sobre a distância da Colônia, sobre alguma coisa das belezas do *Nosso Lar*?

CHICO XAVIER – A literatura mediúnica em outros países atesta a existência de outras cidades semelhantes a Nosso Lar, *uma das comunidades no chamado Espaço Brasileiro.*

Quando estávamos recebendo, mediunicamente, o primeiro livro de André Luiz, que traz esse título, impressionamo-nos vivamente com respeito ao assunto, porque a nossa perplexidade era indisfarçável e sendo o nosso assombro um motivo para perturbar a recepção do livro, o nosso André Luiz promoveu, em determinada noite, a nossa *ausência do corpo físico para observar alguns aspectos, os aspectos mais exteriores, da chamada cidade "Nosso Lar". Mundo novo que somos chamados a perceber, a estudar, porque se relaciona com o futuro de cada um de nós. Ainda que não sejamos acolhidos na referida colônia, outros lares nos esperam após a desencarnação.*

Isto é muito importante.

Há muita gente que considera este assunto demasiadamente remoto para que venhamos a nos preocupar com ele.

Entretanto, na lógica terrestre, somos obrigados a cuidar dos estoques de determinados materiais – gasolina, óleo, medicamento, cereais. Se nos interessamos por isso, no trânsito sobre a Terra, por que admitir por ocioso esse tema da espiritualidade que nos espera inevitavelmente a todos?

O espírito André Luiz, registrando-nos o espanto, porquanto a estranheza era enorme da parte de companheiros de Pedro Leopoldo e Belo Horizonte, aos quais mostrávamos as páginas em andamento, teve o cuidado de mostrar-nos determinada faixa de Nosso Lar, onde jaziam centenas de irmãos hospitalizados, ocupando a atenção de médicos, de instru-

tores, enfermeiras, sacerdotes e pastores das diversas religiões.

Devemos assinalar este fato, de vez que, frequentemente depois da morte são obrigados a compartilhar-nos crenças e concepções com respeito às verdades eternas do espírito, quando a caridade de Nosso Senhor Jesus Cristo nos espera a todos, quanto a discernimento e compreensão.

Cada criatura, nessa cidade, é chamada gradativamente para um estado mais amplo de entendimento. Nosso Lar é o retrato de muitas das colônias que nos aguardam, mas não é propriamente o retrato único, porque possuímos, além da Terra, além da vida física, muitas e muitas cidades de natureza superior e outras de natureza inferior a que chegaremos, inevitavelmente, segundo as nossas escolhas e méritos neste mundo.

(Do livro *A Terra e o Semeador*, Francisco C. Xavier, Emmanuel, IDE Editora.)

ANOTAÇÕES EM TORNO DE "NOSSO LAR"

1 - O irmão Lucius fez quanto pôde, a fim de trazer aos amigos domiciliados no Plano Físico alguns aspectos de *Nosso Lar*, a colônia de trabalho e reeducação a que nos vinculamos na Espiritualidade, especialmente o plano piloto que lhe diz respeito.

Para isso, encontrou a dedicação da médium Heigorina Cunha, na cidade de Sacramento, em Minas Gerais, no Brasil.

2 - Terá conseguido transmitir, minuciosamente, toda a imagem do vasto contexto residencial a que nos referimos?

Decerto que não, mas estamos à frente de uma realização válida pelas formas e ideias básicas que o mencionado amigo alinhou, cuidadosamente, através do intercâmbio espiritual.

3 - Justo lembrar aqui os mapas que Cristovão Colombo desenhou, por influência de Mentores e Amigos Espirituais, antes de desvelar a figura da América.

Semelhantes esboços não continham a realidade total, no entanto, demonstram, até hoje, que o valoroso navegador apresentava a configuração do Novo Continente, em linhas essenciais.

4 - Convém esclarecer que *Nosso Lar* é uma colônia-cidade, habitada por homens e mulheres, jovens e adultos, que já se desvencilharam do corpo físico.

Outras colônias-cidades espirituais, porém, existem, às centenas, em torno da Terra, obedecendo às leis que lhes regem os movimentos de rotação e translação.

5 - Em toda parte, depois do berço, o homem, no centro da Natureza, é defrontado pelos princípios de sequência.

Depois da morte também.

6 - Atendendo aos ditames da reencarnação e da desencarnação, nascem na experiência física e liberam-se dela milhares de criaturas humanas, no estado mental em que se comprazem.

7 - Quantos abordam o mundo material, através do renascimento, evidenciam-se na condição em que se achavam no Plano Espiritual e, consequentemente, quantos regressam ao Plano Espiritual, procedentes do mundo, lá se revelam tal qual se encontram, seja em matéria de evolução ou seja ante a contabilidade da lei de causa e efeito.

8 - Ninguém é constrangido a pensar dessa ou daquela forma, por força dos princípios universais que nos governam.

Cada consciência, encarnada ou desencarnada, é livre, em pensamento, para escolher o caminho que lhe aprouver, ainda que esteja, transitoriamente, nos resultados infelizes de opções que haja feito no passado, resultados nos quais a criatura pode amenizar ou agravar a própria situação, na pauta da conduta que adote.

9 - Compreensível que os seres humanos transfiram para a Vida Espiritual, quando lhes ocorra a desencarnação, os ideias nobilitantes e as paixões deprimentes, os desgostos e as alegrias, a convicção e a descrença, os valores do entendimento e os desmandos da inteligência, o conhecimento deficitário e a ânsia de elevação de que se vejam possuídos.

10 - Renascendo na Terra, a personalidade espiritual permanece internada no veículo físico, cercada de testes que lhe aferem o valor alcançado, com alicerces na assimilação do que já tenha realizado de melhor, em si mesma; e, desencarnando, essa mesma personalidade patenteia, claramente, o que é, como está e em que degrau evolutivo se acomoda, irradiando de si própria o clima espiritual em que se lhe apraz viver e conviver.

11 - No berço terrestre, a pessoa se reassume na família ou no grupo social em que deva reaprender lições e conclusões do pretérito, com o resgate de débitos que haja contraído, ou em que possa progredir nas tarefas de amor e cooperação às quais livremente se empenha.

12 - Na desencarnação, essa mesma pessoa retoma a companhia do grupo espiritual com que se afina, de modo a continuar mentalmente estanque, como deseja, ou de maneira a colher os resultados felizes no esforço de autossublimação que haja desenvolvido no Plano Físico, seja pelo aperfeiçoamento realizado em si mesma ou seja pelas tarefas enobrecedoras que tenha iniciado entre os homens, entrando naturalmente no grupo de elevação a que se promoveu.

13 - Todo Espírito é livre, no pensamento, para melhorar-se, melhorando o campo de vivência em que esteja, ou para complicar-se, complicando o campo de experiências a que se vincule.

14 - Nas colônias-cidades ou colônias-parques que gravitam em torno do Plano Físico, para domicílio transitório das inteligências desencarnadas, é natural que a luta do bem para extinguir o mal ou o desequilíbrio da mente continue com as características que lhe conhecemos na Crosta da Terra.

15 - A morte não opera milagres. O ser humano, além dela, prossegue no trabalho do autoburilamento ou estacionário, enquanto não aceite a obrigação de renovar-se e evoluir.

16 - As religiões, a filosofia e a ciência continuam, por necessidade das criaturas desencarnadas, crendo na sustentação do progresso e do aprimoramento humano e estudando, experimentando e oferecendo vastos domínios de serviço nobilitante aos seus intérpretes, cultivadores e expoentes.

17 - Considerando a densidade das multidões de Espíritos desencarnados, desvalidos de orientações, vítimas de paixões acalentadas por eles próprios, analfabetos da alma, desvairados pelos sentimentos possessivos, portadores de enfermidades e conflitos que eles mesmos atraem e alimentam, Espíritos imaturos e desinformados, de todas as procedências, é necessário que o lar de afinidades, o templo da fé, a escola e a predicação, a prece e o reconforto, o diálogo e a instrução, o hospital e a assistência, o socorro e os tratamentos de segregação, funcionem, nas comunidades do Mais Além, com

extremada compreensão de quantos lhes esposam as tarefas salvadoras.

18 - Para o esclarecimento gradativo dos Espíritos desencarnados, que se revelam necessitados de apoio e de instrução (e contam-se por milhões), a palavra articulada, falada ou escrita, irradiada ou televisada, ainda é o processo mais rápido de comunicação, embora a telepatia e a sublimação contem, além da morte, com círculos de iniciados, cada vez mais amplos, em elevados níveis de entendimento.

19 - Justo que a didática, no Mais Além, utilize a lição, o exame, a exposição prática, os cursos vários de introdução ao conhecimento superior, a disciplina, o apólogo, a fábula, os exemplos da história e todos os recursos outros, das artes e da literatura, que sirvam de auxílio aos companheiros necessitados de conhecimento e motivação para o bem deles próprios.

20 - Nos planos imediatos à experiência física, os felizes estão sempre dispostos ao trabalho, em favor dos infelizes, os mais fortes a benefício dos mais fracos, os bons em socorro dos desequilibrados e os mais sábios em apoio aos desorientados e ignorantes.

21 - Nas comunidades de criaturas desencarnadas, a afinidade é o clima ideal para a união dos seres, o interesse pela ascensão do Espírito aos planos superiores é a marca de todos aqueles que já despertaram para o respeito a Deus e para o amor ao próximo, o trabalho do bem é incessante, a religião não tem dogmatismo, a filosofia acata os melhores pensamentos onde se manifestem, a ciência é humanitária e o esforço pelo próprio aperfeiçoamento íntimo é impulso infatigável em todas as criaturas de boa vontade.

22 - Além da morte, a vida continua e, com mais clareza, aí se vê a realidade da teologia simples que rege a evolução, em tudo o que a evolução possua em comum com a Natureza: "A cada um segundo as suas próprias obras".

ANDRÉ LUIZ

Uberaba, 17 de junho de 1983.

(Anotações recebidas pelo médium Francisco Cândido Xavier, em Uberaba, Minas Gerais).

EXPLICAÇÃO NECESSÁRIA

Desconhecida que sou da grande família espírita, e do público em geral, a quem é destinada a mensagem deste livro, vinda do Mundo Maior, com a minha pequena parcela de cooperação, gostaria de contar, neste limiar, um pouco da minha vida para que os queridos leitores se inteirem da precariedade de recursos dos quais os Espíritos dispuseram para se manifestarem por meu intermédio, o que pode explicar as falhas técnicas e, às vezes, elementares de desenho, principalmente tendo em vista a qualidade da matéria a ser retratada, que envolve aspectos, paisagens e coisas do Mundo Espiritual.

Nasci em 16.4.1923 e, sendo uma criança normal, gozei, por algum tempo, como qualquer outra, de grande robustez.

Certa manhã, acordei tristonha e abatida. Mamãe dispensou-me todo o cuidado, empregando, desde logo, os recursos necessários para tirar-me daquele estado, quase inesperado, de prostração.

Contudo, atendendo à harmonia das Leis do Universo, iniciava-se naquele dia, 23.4.1924, um processo de renovação que deveria atingir a mim e a toda a comunidade de apoio terreno de que desfrutava, num desdobramento de lições inesquecíveis e sumamente proveitosas.

É que se iniciava ali, naqueles dias tranquilos do passado, um processo de regeneração que nos chegava através da paralisia infantil.

Desde pequenina, já era uma enamorada do céu, que exercia sobre mim uma atração fora do normal. Durante o dia, acompanhava o passeio das nuvens e a sua metamorfose contínua de formas nas quais procurava descobrir figuras de pessoas e coisas; à tarde, tinha encontro certo com o pôr do sol para extasiar-me no seu espetáculo de cores e, à noite, deixava-me fascinar pelas estrelas distantes sem poder, contudo, decifrar-lhe o significado e a grandeza.

É que, imobilizada pela paralisia, presa a uma

cadeira ou à cama, sempre pedia à mamãe que me pusesse à janela, para que eu pudesse vislumbrar o mundo exterior. E, através daquela cobertura iluminada, até hoje, sinto-me presa à contemplação do firmamento.

Nos devaneios que nasciam nessa contemplação sublime, invariavelmente surgiam perguntas: como poderia andar? Onde encontrar forças e recursos inabituais para vencer os impedimentos gerados pela enfermidade? Como poderia Deus, Nosso Pai, ajudar-me mais de perto?

Foi quando, com a vontade de vencer as dificuldades e confiante em Deus, comecei a sentir a presença de Benfeitores Espirituais junto a mim, ganhando a convicção de que, com o auxílio deles, haveria de encontrar solução. Adquiri a certeza de que o pensamento é força criadora e que essa força, pela vontade de Deus, com o apoio dos Amigos Espirituais, poderia dar vida à minha perna paralítica, e poderia andar.

Depois de longos anos de esforços para pôr em prática os exercícios físicos e mentais recomendados pelos Espíritos que me ajudavam, alcancei minha mocidade andando com o apoio de abençoada bengala e agradecendo a bênção da vida ao lado de meus pais queridos, Ataliba José da Cunha e Eurídice Miltan Cunha (Sinhazinha)[1].

A dedicação e a sensibilidade de mamãe me ajudaram a isentar-me de complexos psicológicos que costumam acompanhar os processos de regeneração aos quais muitas criaturas devem se submeter, como eu, nos desdobramentos das lições da vida, e, moça, sentia-me uma pessoa normal, como outra qualquer, com a vida sorrindo ao meu derredor e com a alegria de levar de vencida a paralisia.

Os anos de felicidade juvenil, no entanto, desfizeram-se a partir do dia 2 de novembro de 1961, quando mamãe, meu apoio maior, e a verdadeira bengala a sustentar-me na luta, regressou ao Mundo Maior, deixando aos meus cuidados, juntamente com uma irmã solteira, papai imobilizado na cama já há seis anos, em razão de um acidente. Órfão, como nós, pela partida física daquele coração generoso que nos tutelava a existência, papai passou a se apoiar em nós, seus filhos, que o cercamos até que, em 1971, também retornasse ao Mundo maior.

---

[1] Irmã de Eurípedes Barsanulfo, trabalhou com ele na farmácia muitos anos, e toda a sua vida dedicou aos necessitados. No Plano Espiritual, junto do esposo, continuou na Seara de Jesus.

Conto estes lances de minha vida sem qualquer ideia de valorização pessoal, mas para demonstrar aos queridos leitores que a Doutrina Espírita é manancial inesgotável de força criadora e vivificante, no qual poderemos banhar nossa alma para livrar-nos das feridas que costumam abrir-se nos corações desalentados ante os fatos naturais da vida.

Foi em 1962, quase um ano após a partida de mamãe, em uma tarde amena, quando contemplava, melancólica, o pôr do sol, que senti mais nítida a sua presença e, a partir daí, comecei a penetrar os dois planos da vida com mais frequência.

Mas foi no dia 2 de março de 1979 que vivi a mais fascinante experiência de minha vida. Vi-me saindo do corpo, conduzida por um Espírito que não pude identificar, seguindo para uma cidade espiritual que depois soube tratar-se da cidade *Nosso Lar*, da qual André Luiz, no livro que leva o mesmo nome[2], traça-lhe um perfil magnífico e esclarecedor.

Via a cidade com alguns detalhes, guardando, ao despertar, toda a recordação da experiência daquela noite maravilhosa que se interrompeu em

---
[2] *Nosso Lar*, Espírito André Luiz, Francisco Cândido Xavier, Editora FEB.

pleno amanhecer, quando o Espírito que me acompanhava convidou-me a regressar à Terra.

Não podia perder a visão de tão belo acontecimento e, assim, resolvi desenhar, retratando o que me foi possível conhecer naquela rápida visita.

Esclareço que não sou desenhista, por isso, os desenhos que elaborei, procurando retratar o que vi, não podem ter pretensão técnica nem bastarem para refletir inteiramente a beleza das formas, gravadas no papel.

Apesar disso, fiz o desenho e guardei-o sem revelar nada a ninguém.

Depois de três anos, repetiu-se a experiência, com mais nitidez, e pude ver além do que havia visto, enquanto volitava sobre a cidade, embebendo-me nos detalhes de sua paisagem.

O Amigo Espiritual que me conduzia deixou-me num Departamento, na cidade, e foi para outro, atender a tarefas que lhe competiam. Permaneci à sua espera e, algum tempo depois, chamaram-me através de um aparelho de comunicação interna à feição de telefone para informar-me que deveria ficar naquela seção, uma vez que não convinha ir-me para onde ele estava, nas Câmaras, onde havia muito sofrimento, prevenindo-me que me buscaria para o regresso.

Acordei com um encaixamento brusco no corpo, sentindo ainda uma espécie de tontura da volitação, mas com a consciência integral de tudo o que havia visto.

Dessa viagem, saiu o segundo desenho ou planta baixa da cidade *Nosso Lar* e que corresponde ao Plano Físico, segundo esclareceu depois Francisco Cândido Xavier (nosso querido Chico).

Devo esclarecer, no entanto, que, embora a forma seja a verdadeira, a cidade não se circunscreve ao número de casas e de quadras indicadas no desenho apenas para efeito ilustrativo, uma vez que se trata de uma cidade de vastas dimensões, que abriga cerca de um milhão de habitantes.

Entusiasmada com o segundo desenho, mostrei-o a algumas pessoas mais íntimas e de minha confiança.

Uma delas foi um primo, que levou a notícia a Francisco Cândido Xavier. O bondoso médium de Uberaba se interessou e pediu-me que lhe levasse os desenhos, e qual não foi a minha surpresa quando me afirmou se tratar da cidade *Nosso Lar*, correspondendo-lhe exatamente à forma.

Sob estímulo de seu carinho e compreensão, procurei grafar outros detalhes da cidade, que estão oferecidos neste livro.

Depositei nas mãos de Francisco Cândido Xavier, que se incumbiu generosamente dos detalhes complementares e do encaminhamento do material para o Instituto de Difusão Espírita, de Araras, que, afinal, editou-o.

Na oportunidade, devo agradecer a Deus e aos Bons Espíritos pela participação que tive neste trabalho, rogando escusas, inclusive aos leitores, pelas deficiências naturais impostas pelas minhas limitações pessoais.

HEIGORINA CUNHA

Sacramento, 4 de fevereiro de 1983.

1
A CIDADE "NOSSO LAR"

Na vasta bibliografia mediúnica do médium Francisco cândido Xavier, a cidade espiritual conhecida como *Nosso Lar* foi a primeira sociedade urbana da Vida Maior retratada com detalhes. Foi no livro do mesmo nome, editado pela Federação Espírita Brasileira, que o Espírito André Luiz, relatando suas experiências, forneceu descrições pormenorizadas acerca da organização da sociedade comunitária e das edificações que lhe servem de apoio material.

Conta o abnegado médium que se surpreendeu pelo inusitado das revelações e que André Luiz, a fim de que ele desse livre curso aos seus relatos, certa noite, levou-o, em desprendimento espiritual, até a cidade *Nosso Lar* para que se inteirasse da sua existência e conhecesse, pessoalmente, alguns recantos retratados no livro.

Realmente, o citado livro abria campos amplos e novos à indagação daqueles estudiosos que sentissem dificuldades para entender como a vida poderia prosseguir, normalmente e sem saltos, após o desenlace físico.

Difícil imaginar, ante a diversidade aparente das condições de encarnado e desencarnado, que o Espírito pudesse habitar cidades edificadas e organizadas de modo semelhante às expressões terrenas.

Os Espíritos disseram a Allan Kardec[3] que, no mundo espiritual, viviam em "espécies de acampamentos, de campos para se repousar de uma muito longa erraticidade, estado sempre um pouco penoso".

Não se podia, é verdade, dar largas à imaginação para especular acerca do que seriam, realmente, essas espécies de acampamentos, por falta de referências mais claras que induzissem a idealização de comunidades de Espíritos habitando cidades estruturadas em edificações de natureza sólida, sobre terreno fértil à vegetação, e em tudo com estreita semelhança ao que conhecemos na Crosta.

---

[3] *O Livro dos Espíritos*, questão nº 234, IDE Editora.

Mas, a partir das informações veiculadas por André Luiz, passado o espanto natural que as revelações causaram, reconheceu-se que não poderia ocorrer de forma diferente.

Habituados, durante muitos séculos, à idealização do Céu e do Inferno, em termos sem correspondência com as expressões humanas, ainda mesmo diante das revelações contidas nas obras da Codificação, recusávamo-nos a aceitar o óbvio. Se o Espírito sobrevivia ao corpo, e provas dessa sobrevivência foram abundantes a partir do surgimento da Doutrina Espírita, e se, por outro lado, os Espíritos nos asseguravam que nos reuniríamos em famílias e em agrupamentos, e que a vida continuava sem grandes mudanças depois da morte física, por que haveria de ser tão discrepante em relação aos moldes da vida terrena?

Pelas recordações da vida espiritual, organizamos a vida terrena, e André Luiz nos mostra que esta é uma cópia imperfeita daquela.

A partir da edição do livro, a cidade *Nosso Lar* ganhou o coração e a imaginação de todos os espíritas, que identificaram nela um modelo alentador das organizações e situações que aguardam o ser humano após a desencarnação e – por que não dizer? – um estímulo ao aproveitamento da existência física para conviver, depois, em comunidades idênticas ou melhores.

Se a revelação trazida por André Luiz esperou oitenta e seis anos, após a edição de *O Livro dos Espíritos*, agora, quase quarenta anos depois do surgimento do livro *Nosso Lar*, o Alto nos permite mais algumas informações, ensejando-nos receber, através do trabalho mediúnico de nossa irmã Heigorina Cunha, de Sacramento, o plano piloto da cidade espiritual, que é o objetivo deste livro.

A cidade *Nosso Lar*, segundo informações veiculadas por André Luiz, foi fundada por portugueses distintos, desencarnados no Brasil no século XVI, a partir de onde se localiza, a Governadoria.

Conta que, naquele trato de terra, onde se veem edifícios de fino lavor e onde se congregam vibrações delicadas e nobres, os fundadores encontraram "as notas primitivas dos selvícolas do país e as construções infantis de suas mentes rudimentares", devendo, à custa de "serviço perseverante, solidariedade fraterna e amor espiritual", conquistá-los e integrá--los para conseguirem seus objetivos.

À época em que se pronunciou o Amigo Espiritual, a cidade contava com cerca de um milhão de habitantes.

Tendo em vista que a cidade se divide segundo as necessidades de sua organização administrativa, permitimo-nos informar, aos que ainda não leram o livro *Nosso Lar*, que a Governadoria, órgão central, está assessorada pelo trabalho e organização de seis Ministérios, a saber: Ministério da Regeneração, do Auxílio, da Comunicação, do Esclarecimento, da Elevação e da União Divina, que atuam nas áreas que os próprios nomes definem, sendo, cada Ministério, dirigido por doze Ministros.

Esclarecidos esses detalhes, passemos a considerar o plano piloto da cidade.

2
PLANO PILOTO

Mencione-se, desde logo, que existem dois desenhos: o primeiro que abrange apenas a estrela, onde se localiza a Governadoria e os conjuntos habitacionais, inscritos dentro dela, destinados aos trabalhadores de cada Ministério; o segundo já engloba, mais além, os conjuntos residenciais que, conquanto ainda afetos aos trabalhadores do Ministério, podem ser adquiridos por estes através de "bônus horas" e são suscetíveis de transmissão hereditária. Também nele se vê a grande muralha protetora da cidade.

A cidade tem a forma de uma estrela de seis pontas, localizando-se a Governadoria no centro do círculo em que está inscrita a estrela.

Da Governadoria partem as coordenadas que

dividem a cidade em seis partes distintas, afetas, cada uma, ao mesmo número de organizações especializadas, em que se desdobra a administração pública, representadas, como já se disse, pelos Ministérios da Regeneração, do Auxílio, da Comunicação, do Esclarecimento, da Elevação e da União Divina.

Assim, a cidade está dividida em seis módulos, cada um deles partindo da Governadoria, junto à qual se eleva a torre de cada Ministério, configurando-se como o centro administrativo.

À frente deles, está a grande praça que os circunda e que, para que se avalie o seu tamanho, está apta para receber, comodamente, um milhão de pessoas. A médium descreve-a como belíssima, com piso semelhante ao alabastro, com muitos bancos ao seu redor, sendo que, nos espaços em que se vê o encontro dos vértices das bases dos triângulos, por detrás dos bancos, existem fontes luminosas multicoloridas e, em torno delas, flores graciosas e delicadas.

Além da praça, temos os núcleos residenciais em forma de triângulo e que, como já se disse, destinam-se aos trabalhadores de cada Ministério, sendo que os mais graduados residem mais próximos à praça e, portanto, ao centro administrativo. Essas casas pertencem à comunidade e, se um trabalhador se transfere para outro Ministério, deve mudar-se também para residir junto ao seu local de trabalho. Os quadros que se veem desenhados dentro do triângulo, e junto à muralha, são quadras onde se erguem as residências.

Nos espaços que medeiam entre um núcleo habitacional e outro, seja em direção à muralha seja em direção ao núcleo correspondente ao Ministério vizinho, existem grandes parques arborizados onde se erguem outras construções que não foram detalhadas na planta, destinadas ao lazer ou serviços aos habitantes. Vê-se, por exemplo, no parque do Ministério da Regeneração, a locação do seu Parque Hospitalar; no Ministério da União Divina, o Bosque das Águas e, no Ministério da Elevação, o Campo da Música, todos referidos no livro *Nosso Lar*.

Cada núcleo residencial é cortado, no centro, por ampla avenida arborizada que o liga à praça principal e à Governadoria, e que se inicia junto à muralha.

Entre os núcleos em forma de triângulo e a muralha, estão os núcleos residenciais destinados aos Espíritos que, por seus méritos, podem adquirir suas casas mediante pagamento em bônus-hora, que é a unidade monetária padrão, correspondente a uma hora de trabalho prestado à comunidade. Estas casas, pertencendo aos que as adquirem, podem ser objeto de herança. Na planta, aparecem umas poucas quadras, mas, na verdade, são muitas quadras, a perderem-se de vista e que se alongam até a muralha.

Circundando toda a cidade está a grande muralha protetora, onde se acham assestadas as baterias de projeção magnética, para defesa contra as arremetidas dos Espíritos inferiores, o que não deve estranhar porque, como sabemos, a cidade está situada numa esfera espiritual de transição, abrigando Espíritos que ainda devem se reencarnar.

Por fora da muralha, estão os campos de cultivo de vegetais destinados à alimentação pública.

A planta da cidade, no entanto, carece de medidas que nos propiciem uma exata compreensão do seu tamanho.

Mas poderemos imaginar sua magnitude pelas referências que André Luiz nos faz.

É uma cidade amplamente disposta para um milhão de habitantes.

O "aeróbus", correndo numa velocidade que não permite fixar os detalhes da paisagem, e com paradas de três em três quilômetros, demora quarenta minutos para ir da Praça da Governadoria até o Bosque das águas, que está localizado na planta.

Em síntese, é o que nos mostra o plano piloto da cidade, configurado na planta que nos veio ao conhecimento por intermediação de nossa irmã Heigorina Cunha.

3

DETALHES DA CIDADE EXTRAÍDOS DAS OBRAS DE ANDRÉ LUIZ

O livro *Nosso Lar*, principalmente, é rico em detalhes acerca da cidade, de seus logradouros e de suas edificações.

Passamos a reproduzi-las na ordem em que se apresentam, citando, ao final, o número do capítulo do livro[4]:

"Embora transportado à maneira de ferido comum, lobriguei o quadro confortante que se desdobrava à minha vista.

"Clarêncio, que se apoiava num cajado de substância luminosa, deteve-se à frente de grande porta encravada em altos muros, cobertos de trepadeiras floridas e graciosas. Tateando um ponto da muralha,

---
[4] *Nosso Lar*, Espírito André Luiz, Francisco C. Xavier, Editora FEB.

fez-se longa abertura, através da qual penetramos, silenciosos.

"Branda claridade inundava ali todas as coisas. Ao longe, gracioso foco de luz dava a ideia de um pôr do sol em tardes primaveris. À medida que avançávamos, conseguia identificar preciosas construções, situadas em extensos jardins.

"Ao sinal de Clarêncio, os condutores depuseram, devagarinho, a maca improvisada. A meus olhos surgiu, então, a porta acolhedora de alvo edifício, à feição de grande hospital terreno. Dois jovens, envergando túnicas de níveo linho, acorreram pressurosos ao chamado de meu benfeitor, e quando me acomodavam num leito de emergência, para me conduzirem cuidadosamente ao interior, ouvi o generoso ancião recomendar, carinhoso:

"– Guardem nosso tutelado no pavilhão da direita. Esperam agora por mim. Amanhã cedo voltarei a vê-lo.

"– Enderecei-lhe um olhar de gratidão, ao mesmo tempo que era conduzido a confortável aposento de amplas proporções, ricamente mobiliado, onde me ofereceram leito acolhedor." (Capítulo 3).

"Aquela melodia renovava-me as energias profundas. Levantei-me vencendo dificuldades e agarrei-me no braço fraternal que se me estendia. Seguindo vacilante, cheguei a enorme salão, onde numerosa assembleia meditava em silêncio, profundamente recolhida. Da abóboda cheia de claridade brilhante, pendiam delicadas e flóreas guirlandas, que vinham do teto à base, formando radiosos símbolos de espiritualidade superior. Ninguém parecia dar conta da minha presença, ao passo que mal dissimulava eu a surpresa inexcedível. Todos os circunstantes, atentos, pareciam aguardar alguma coisa. Contendo a custo numerosas indagações que me esfervilhavam na mente, notei que ao fundo, em tela gigantesca, desenhava-se prodigioso quadro de luz quase feérica. Obedecendo a processos adiantados de televisão, surgiu o cenário de templo maravilhoso. Sentado em lugar de destaque, um ancião coroado de luz fixava o Alto, em atitude de prece, envergando alva túnica de irradiações resplandecentes. Em plano inferior, setenta e duas figuras pareciam acompanhá-lo em respeitoso silêncio. Altamente surpreendido, reparei Clarêncio participando da assembleia, entre os que cercavam o velhinho refulgente.

"Apertei o braço do enfermeiro amigo, e, compreendendo ele que minhas perguntas não se fariam esperar, esclareceu em voz baixa, que mais se assemelhava a leve sopro:

"– Conserve-se tranquilo. Todas as residências e instituições de *Nosso Lar* estão orando com o Governador, através da audição e visão a distância. Louvemos o *Coração Invisível do Céu*." (Capítulo 3).

"Deleitava-me, agora, contemplando os horizontes vastos, debruçado às janelas espaçosas. Impressionavam-me, sobretudo, os aspectos da Natureza. Quase tudo, melhorada cópia da Terra. Cores mais harmônicas, substâncias mais delicadas. Forrava-se o solo de vegetação. Grandes árvores, pomares fartos e jardins deliciosos. Desenhavam-se montes coroados de luz, em continuidade à planície onde a colônia repousava. Todos os departamentos apareciam cultivados com esmero. À pequena distância, alteavam-se graciosos edifícios. Alinhavam-se a espaços regulares, exibindo formas diversas. Nenhum sem flores à entrada, destacando-se algumas casinhas encantadoras, cercadas por muros de hera, onde rosas diferentes desabrochavam, aqui e ali, adornando o verde de cambiantes variados. Aves de plumagens policromas cruzavam os ares e, de quando em quando, pousavam agrupadas nas torres muito alvas, a se erguerem retilíneas, lembrando lírios gigantescos, rumo ao céu.

"Das janelas largas, observava curioso o movimento do parque. Extremamente surpreendido, identificava animais domésticos, entre as árvores frondosas, enfileiradas ao fundo." (Capítulo 7).

"Decorridas algumas semanas de tratamento ativo, saí, pela primeira vez, em companhia de Lísias.

"Impressionou-me o espetáculo das ruas. Vastas avenidas, enfeitadas de árvores frondosas. Ar puro, atmosfera de profunda tranquilidade espiritual. Não havia, porém, qualquer sinal de inércia ou de ociosidade, porque as vias públicas estavam repletas. Entidades numerosas iam e vinham. Algumas pareciam situar a mente em lugares distantes, mas outras me dirigiam olhares acolhedores. Incumbia-se o companheiro de orientar-me em face das surpresas que surgiam ininterruptas. Percebendo-me as íntimas conjeturas, esclareceu solícito:

"– Estamos no local do Ministério do Auxílio. Tudo o que vemos, edifícios, casas residenciais, representa instituições e abrigos adequados à tarefa de nossa jurisdição. Orientadores, operários e outros serviçais da missão residem aqui. Nesta zona, atende-se a doentes, ouvem-se rogativas, selecionam-se preces, preparam-se reencarnações terrenas, organizam-se turmas de socorro aos habitantes do Umbral, ou aos que choram na Terra, estudam-se soluções para todos os processos que se prendem ao sofrimento." (Capítulo 8).

"A essa altura, atingíramos uma praça de maravilhosos contornos, ostentando extensos jardins. No centro da praça, erguia-se um palácio de magnificente beleza, encabeçado de torres soberanas, que se perdiam no céu."

"– Temos, nesta praça, o ponto de convergência dos seis ministérios a que me referi. Todos começam da Governadoria, estendendo-se em forma triangular.

"E, respeitoso, comentou:

"– Ali vive o nosso abnegado orientador. Nos trabalhos administrativos, utiliza ele a colaboração de três mil funcionários; entretanto, é ele o trabalhador mais infatigável e mais fiel que todos nós reunidos." (...)"

"Calara-se Lísias, evidenciando comovida reverência, enquanto eu ao seu lado contemplava, respeitoso e embevecido, as torres maravilhosas que pareciam cindir o firmamento..." (Capítulo 8).

"Enlevado na visão dos jardins prodigiosos, pedi ao dedicado enfermeiro para descansar alguns minutos num banco próximo. Lísias anuiu de bom grado.

"Agradável sensação de paz me felicitava o Espírito. Caprichosos repuxos de água colorida ziguezagueavam no ar, formando figuras encantadoras." (Capítulo 9).

"Dado o meu interesse crescente pelos processos de alimentação, Lísias convidou:

"– Vamos ao grande reservatório da colônia. Lá observará coisas interessantes. Verá que a água é quase tudo em nossa estância de transição.

"Curiosíssimo, acompanhei o enfermeiro sem vacilar.

"Chegados a extenso ângulo da praça, o generoso amigo acrescentou:

"– Esperemos o aeróbus[5].

"Mal me refazia da surpresa, quando surgiu grande carro, suspenso do solo a uma altura de cinco metros mais ou menos e repleto de passageiros. Aos descer até nós, à maneira de um elevador terrestre, examinei-o com atenção. Não era máquina conhecida na Terra. Constituída de material muito flexível, tinha enorme comprimento, parecendo ligada a fios invisíveis, em virtude do grande número de antenas na solda. Mais tarde, confirmei minhas suposições, visitando as grandes oficinas do Serviço de Trânsito e Transporte.

"Lísias não me deu tempo a indagações. Aboletados convenientemente no recinto confortável, seguimos silenciosos. Experimentava a timidez natural do homem desambientado, entre desconhecidos.

"A velocidade era tanta que não permitia fixar os detalhes das construções escalonadas no extenso percurso. A distância não era pequena, porque só depois de quarenta minutos, incluindo ligeiras paradas de três em três quilômetros, convidou-me Lísias a descer, sorridente e calmo.

"Deslumbrou-me o panorama de belezas subli-

---
[5] Carro aéreo, que seria na terra um grande funicular.

mes. O bosque, em floração maravilhosa, embalsamava o vento fresco de inebriante perfume. Tudo em prodígio de cores e luzes cariciosas. Entre margens bordadas de grama viçosa, toda esmaltada de azulíneas flores, deslizava um rio de grandes proporções. A corrente rolava tranquila, mas tão cristalina que parecia tonalizada em matiz celeste, em vista dos reflexos do firmamento. Estradas largas cortavam a verdura da paisagem. Plantadas a espaços regulares, árvores frondosas ofereciam sombra amiga, à maneira de pousos deliciosos, na claridade do Sol confortador. Bancos de caprichosos formatos convidavam ao descanso.

"Notando o deslumbramento, Lísias explicou:

"– Estamos no Bosque das águas. Temos aqui umas das mais belas regiões de *Nosso Lar*. Trata-se de um dos locais prediletos para as excursões dos amantes, que aqui vêm tecer as mais lindas promessas de amor e fidelidade, para as experiências na Terra.

"A observação ensejava considerações muito interessantes, mas Lísias não me deu azo a perguntas nesse particular. Indicando um edifício de enormes proporções, esclareceu:

"– Ali é o grande reservatório da colônia. Todo o volume do rio azul, que temos à vista, é absorvido em caixas imensas de distribuição. As águas que servem a todas as atividades da colônia partem daqui. Em seguida, reúnem-se novamente, abaixo dos serviços da Regeneração, e voltam a constituir o rio, que prossegue o curso normal, rumo ao grande oceano de substâncias invisíveis para a Terra." (Capítulo 10).

"Passados minutos, eis-nos à porta de graciosa construção, cercada de colorido jardim." (Capítulo 17).

"– O nosso lar, dentro de *Nosso Lar*.

Ao tinido brando da campainha no interior, surgiu à porta simpática matrona." (Capítulo 17).

"Entramos. Ambiente simples e acolhedor. Móveis quase idênticos aos terrestres; objetos em geral, demonstrando pequeninas variantes. Quadros de sublime significação espiritual, um piano de notáveis proporções, descansando sobre ele grande harpa talhada em linhas nobres e delicadas. Identificando-me a curiosidade, Lísias falou, prazenteiro:..." (Capítulo 17).

"Em seguida, chamou-me Lísias para ver algumas dependências da casa, demorando-me na Sala de Banho, cujas instalações interessantes me maravilharam. Tudo simples, mas confortável." (Capítulo 17).

"– Como se encara o problema da propriedade na colônia? Esta casa, por exemplo, pertence-lhe?

"Ela sorriu e esclareceu:

"– Tal como se dá na Terra, a propriedade aqui é relativa. Nossas aquisições são feitas à base de horas de trabalho. O bônus-hora, no fundo, é o nosso dinheiro. Quaisquer utilidades são adquiridas com esses cupons, obtidos por nós mesmos, à custa de esforço e dedicação. As construções em geral representam patrimônio comum, sob controle da Governadoria; cada família espiritual, porém, pode conquistar um lar (nunca mais que um), apresentando trinta mil bônus-hora, o que se pode conseguir com algum tempo de serviço. Nossa morada foi conquistada pelo trabalho perseverante de meu esposo, que veio para a esfera espiritual muito antes de mim. Dezoito anos estivemos separados pelos laços físicos, mas sempre unidos pelos elos espirituais. Ricardo, porém, não descansou. Recolhido ao *Nosso Lar*, depois de certo período de extremas perturbações, compreendeu imediatamente a necessidade de esforço ativo, preparando-nos um ninho para o futuro. Quando cheguei, estreamos a habitação que ele organizara com esmero, acentuando-se nossa ventura. (...)" (Capítulo 21).

"– E o problema da herança? – inquiri de repente.

"– Não temos aqui demasiadas complicações – respondeu a senhora Laura, sorrindo. – Vejamos, por exemplo, o meu caso. Aproxima-se o tempo do meu regresso aos planos da crosta. Tenho comigo três mil Bônus-Hora-Auxílio, no meu quadro de economia pessoal. Não posso legá-los a minha filha que está a chegar, porque esses valores serão revertidos ao patrimônio comum, permanecendo minha família apenas com o direito de herança ao lar; no entanto, minha ficha de serviço autoriza-me a interceder por ela e preparar-lhe aqui trabalho e concurso amigo, assegurando-me, igualmente, o valioso auxílio das organizações de nossa colônia espiritual, durante minha permanência nos círculos carnais. Nesse cômputo, deixo de referir-me ao lucro maravilhoso que adquiri no capítulo da experiência, nos anos de cooperação no Ministério do Auxílio. Volto à Terra, investida de valores mais altos e demonstrando qualidades mais nobres de preparação ao êxito desejado.

"E, enquanto os jovens se despediam, convidava-me, solícito:

"– Venha ao jardim, pois ainda não viu o luar destes sítios.

"A dona da casa entrava em conversação com as filhas, enquanto, acompanhando Lísias, fui aos canteiros em flor.

"O espetáculo apresentava-se soberbo! Habituado à reclusão hospitalar, entre grandes árvores, ainda não conhecia o quadro maravilhoso que a noite clara apresentava, ali, nos vastos quarteirões do Ministério do Auxílio. Glicínias de prodigiosa beleza enfeitavam a paisagem. Lírios de neve, matizados de ligeiro azul ao fundo do cálice, pareciam taças, de carinhoso aroma. Respirei a longos haustos, sentindo que ondas de energia nova me penetravam o ser. Ao longe, as torres da Governadoria mostravam belos efeitos de luz. Deslumbrado, não conseguia emitir impressões. Esforçando-me para exteriorizar a admiração que me invadia a alma, falei comovidamente: (...)". (Capítulo 23).

"Segui Tobias resolutamente.

"Atravessamos largos quarteirões, onde numerosos edifícios me pareceram colmeias de serviço intenso. Percebendo-me a silenciosa indagação, o novo amigo esclareceu:

"– Temos aqui as grandes fábricas de *Nosso Lar*. A preparação de sucos, de tecidos e de artefatos em geral dá trabalho a mais de cem mil criaturas, que se regeneram e se iluminam ao mesmo tempo.

"Daí a momentos, penetramos num edifício de aspecto nobre. Servidores numerosos iam e vinham. Depois de extensos corredores, deparou-se-nos vastíssima escadaria, comunicando com os pavimentos inferiores.

"– Desçamos – disse Tobias com tom grave.

"E notando minha estranheza, explicou, solícito:

"– As Câmaras de retificação estão localizadas nas vizinhanças do Umbral. Os necessitados que aí se reúnem não toleram as luzes, nem a atmosfera de cima, nos primeiros tempos de moradia em *Nosso Lar*." (Capítulo 26).

"Nunca poderia imaginar o quadro que se desenhava agora aos meus olhos. Não era bem o hospital de sangue, nem o instituto de tratamento normal de saúde orgânica. Era uma série de câmaras vastas, ligadas entre si e repletas de verdadeiros despojos humanos." (Capítulo 27).

"Logo após às vinte e uma horas, chegou alguém dos fundos do enorme parque. Era um homenzinho de semblante singular, evidenciando a condição de trabalhador humilde. Narcisa recebeu-o com gentileza, perguntando:

"– Que há, Justino? Qual é a sua mensagem?

"O operário, que integrava o corpo de sentinelas das Câmaras de Retificação, respondeu, aflito:

"– Venho participar que uma infeliz mulher está pedindo socorro no grande portão que dá para os campos de cultura. Creio tenha passado despercebida aos vigilantes das primeiras linhas..."

"Curioso, segui a enfermeira, através do campo enluarado. A distância não era pequena. Lado a lado, via-se o arvoredo tranquilo do parque muito extenso, agitado pelo vento caricioso. Havíamos percorrido mais de um quilômetro, quando atingimos a grande cancela a que se referira o trabalhador." (Capítulo 31).

"Agora, que penetrara o parque banhado de luz, experimentava singular fascinação.

"Aquelas árvores acolhedoras, aquelas virentes sementeiras reclamavam-se a todo momento. De maneira indireta, provocava explicações de Narcisa, enunciando perguntas veladas.

"– No grande parque – dizia ela –, não há somente caminhos para o Umbral ou apenas cultura de vegetação destinada aos sucos alimentícios. A Ministra Veneranda criou planos excelentes para os nossos processos educativos.

"E, observando-me a curiosidade sadia, continuou esclarecendo:

"– Trata-se dos "salões verdes" para serviço de educação. Entre as grandes fileiras das árvores, há recintos de maravilhosos contornos para as conferências dos Ministros da Regeneração; outros para Ministros visitantes e estudiosos em geral, reservando-se, porém, um de assinalada beleza, para as conversações do Governador, quando ele se digna de vir até nós. Periodicamente, as árvores eretas se cobrem de flores, dando ideias de pequenas torres coloridas, cheias de encantos naturais. Temos assim, no firmamento, o teto acolhedor, com as bênçãos do Sol ou das estrelas distantes.

"Devem ser prodigiosos esses palácios da natureza – acrescentei.

"– Sem dúvida – prosseguiu a enfermeira, entusiasticamente –, o projeto da Ministra despertou, segundo me informaram, aplausos francos em toda a colônia. Soube que tal se dera, havia precisamente quarenta anos. Iniciou-se, então, a campanha do "Salão Natural". Todos os Ministérios pediram cooperação, inclusive o da União Divina, que solicitou o concurso de Veneranda na organização de recintos dessa ordem, no Bosque das águas. Surgiram deliciosos recantos em toda a parte. Os mais interessantes, todavia, a meu ver, são os que se instituíram nas escolas. Variam nas formas e dimensões. Nos parques de educação do esclarecimento, instalou a Ministra um verdadeiro castelo de vegetação, em forma de estrela, dentro do qual se abrigam cinco numerosas classes de aprendizados e cinco instrutores diferentes. No centro, funciona enorme aparelho destinado a demonstrações pela imagem, à maneira do cinematógrafo terrestre, com o qual é possível levar a efeito cinco projeções variadas, simultaneamente. Essa iniciativa melhorou consideravelmente a cidade, unindo no mesmo esforço o serviço proveitoso à utilidade prática e à beleza espiritual.

"Valendo-me da pausa natural, interpelei:

"– E o mobiliário dos salões? Tal como dos grandes recintos terrenos?

"Narciso concluiu e acentuou:

"– Há diferença. A Ministra ideou os quadros evangélicos do tempo que assinalou a passagem do Cristo pelo mundo, e sugeriu recursos da própria natureza. Cada "salão natural" tem bancos e poltronas esculturados na substância do solo, forrados de relva olente e macia. Isso imprime formosura e disposições características. Disse a organizadora que seria justo lembrar as preleções do Mestre, em plena praia, quando de suas divinas excursões junto ao Tiberíades, e dessa recordação surgiu o empreendimento do "mobiliário natural". A conservação exige cuidados permanentes, mas a beleza dos quadros representa vasta compensação.

"A essa altura, interrompeu-se a bondosa enfermeira, mas, identificando-me o interesse silencioso, prosseguiu:

"– O mais belo recinto do nosso Ministério é o destinado às palestras do Governador. A Ministra Veneranda descobriu que ele sempre estimou as paisagens de gosto helênico, mais antigo, e decorou o salão a traços especiais, formados em pequenos canais de água fresca, pontes graciosas, lagos minúsculos, palanquins de arvoredo e frondejante vegetação. Cada mês do ano mostra cores diferentes, em razão das flores que se vão modificando em espécie, de trinta a trinta dias. A Ministra reserva o mais lindo aspecto para o mês de Dezembro, em comemoração ao Natal de Jesus, quando a cidade recebe os mais formosos pensamentos e as mais vigorosas promessas dos nossos companheiros encarnados na Terra e envia, por sua vez, ardentes afirmações de esperança e serviço às esferas superiores, em homenagem ao Mestre dos Mestres. Esse salão é nota de júbilo para os nossos Ministérios. Talvez já saiba que o Governador aqui vem, quase que semanalmente, aos domingos. Ali permanece longas horas, conferenciando com os Ministros da Regeneração, conversando com os trabalhadores, oferecendo sugestões valiosas, examinando nossas vizinhanças com o Umbral, recebendo nossos votos e visitas e confortando enfermos convalescentes. À noitinha, quando pode demorar-se, ouve música e assiste a números de arte, executados por jovens e crianças dos nossos educandários. A maioria dos forasteiros que se hospedam em *Nosso Lar* costuma vir até aqui só no propósito de conhecer esse "palácio natural", que acomoda confortavelmente mais de trinta mil pessoas.

"Ouvindo os interessantes informes, eu experimentava um misto de alegria e curiosidade.

"– O salão da Ministra Veneranda – continuou Narcisa, animadamente – é também esplêndido recinto, cuja conservação nos merece especial carinho. (...)" (Capítulo 32).

"Poucos minutos antes da meia-noite, Narcisa permitiu minha ida ao grande portão das Câmaras. Os Samaritanos deviam estar nas vizinhanças. Era imprescindível observar-lhes a volta, para tomar providências.

"Com que emoção tornei ao caminho cercado

de árvores frondosas e acolhedoras! Aqui, troncos que recordavam o carvalho vetusto da Terra; além, folhas caprichosas lembrando a acácia e o pinheiro. Aquele ar embalsamado figurava-se-me uma bênção. Nas Câmaras, apesar das janelas amplas, não experimentara tamanha impressão de bem-estar. Assim caminhava, silencioso, sob as frondes carinhosas. Ventos frescos agitavam-nas de manso, envolvendo-me em sensações de repouso." (Capítulo 33).

"Estacaram as matilhas de cães ao nosso lado, conduzidas por trabalhadores de pulso firme.

"Daí a minutos, estávamos todos enfrentando os enormes corredores de ingresso às Câmaras de Retificação. (...)" (Capítulo 34).

"Chegada a hora destinada à preleção da Ministra, que se realizou após a oração vespertina, dirigi-me, em companhia de Narcisa e Salústio, para o grande salão em plena natureza.

"Verdadeira maravilha o recinto verde, onde grandes bancos de relva nos acolheram confortadoramente. Flores variadas, brilhando à luz de belos candelabros, exalavam delicado perfume.

"Calculei a assistência em mais de mil pessoas. Na disposição comum da grande assembleia, notei que vinte entidades se assentavam em local destacado entre nós outros e a eminência florida onde se via a poltrona da instrutora." (Capítulo 37).

"*Nosso Lar*, portanto, como cidade espiritual de transição, é uma bênção a nós concedida por "acréscimo de misericórdia", para que alguns poucos se preparem à ascensão e para que a maioria volte à Terra em serviços redentores. Compreendamos a grandiosidade das leis do pensamento e submetamo-nos a elas, desde hoje." (Capítulo 37).

"Reunidos na formosa biblioteca de Tobias, examinamos volumes maravilhosos na encadernação e no conteúdo espiritual.

A senhora Hilda convidou-me a visitar o jardim, para que pudesse observar, de perto, alguns caramanchões de caprichosos formatos. Cada casa, em *Nosso Lar*, parecia especializar-se na cultura de determinadas flores. Em casa de Lísias, as glicínias e os lírios contavam-se por centenas; na residência de Tobias, as hortênsias inumeráveis desabrochavam nos verdes lençóis de violetas. Belos caramanchões de árvores delicadas, recordando o bambu ainda novo, apresentavam no alto uma trepadeira interessante, cuja especialidade é unir frondes diversas, à guisa de enormes laços floridos, na verde cabeleira das árvores, formando gracioso teto." (Capítulo 37).

"Regressando ao interior das Câmaras, tive a atenção atraída para enormes rumores provenientes das zonas mais altas da colônia, onde se localizavam as vias públicas."

"Chegados aos pavimentos superiores, de onde nos poderíamos encaminhar à Praça da Governadoria, notamos intenso movimento em todos os setores. Identificando-me o espanto natural, o companheiro explicou: (...)" (Capítulo 41).

"Decorridos longos minutos, em que observávamos a multidão espiritual, atingimos o Ministério da Comunicação, detendo-nos ante os enormes edifícios consagrados ao trabalho informativo.

Milhares de entidades acotovelavam-se, aflitamente. Todos queriam informações e esclarecimentos.

Impossível, porém, um acordo geral. Extremamente surpreendido com o vozerio enorme, vi que alguém subira a uma sacada de grande altura, reclamando a atenção popular. Era um velho de aspecto imponente, anunciando que, dentro de dez minutos, far-se-ia ouvir um apelo do Governador.

"– É o Ministro Esperidião – informou Tobias, atendendo-me a curiosidade." (Capítulo 41).

"Em meio da geral alegria, ganhamos a via pública. As jovens faziam-se acompanhar de Polidoro e Estácio, com quem palestravam animadamente. Lísias, ao meu lado, logo que deixamos o aeróbus numa das praças do Ministério da Elevação, disse carinhoso:

"– Finalmente, vai você conhecer minha noiva, a quem tenho falado muitas vezes a seu respeito."

"Havíamos alcançado as cercanias do Campo da Música. Luzes de indescritível beleza banhavam extenso parque, onde se ostentavam encantamentos de verdadeiro conto de fadas. Fontes luminosas traçavam quadros surpreendentes: um espetáculo absolutamente novo para mim."

"Ri-me, desconcertado, e nada pude replicar.

"Nesse momento, atingimos a faixa de entrada, onde Lísias pagou gentilmente o ingresso.

"Notei, ali mesmo, grande grupo de passeantes, em torno de gracioso coreto, onde um corpo orquestral de reduzidas figuras executava música ligeira. Caminhos marginados de flores desenhavam-se à nossa frente, dando acesso ao interior do parque, em várias direções. Observando minha admiração pelas canções que se ouviam, o companheiro explicou:

"– Nas extremidades do campo, temos certas manifestações que atendem ao gosto pessoal de cada grupo dos que ainda não podem entender a arte sublime; mas, no centro, temos a música universal e divina, a arte santificada, por excelência.

"Com efeito, depois de atravessarmos alamedas risonhas, onde cada flor parecia possuir seu reinado particular, comecei a ouvir maravilhosa harmonia dominando o céu. Na Terra, há pequenos grupos para o culto da música fina e multidões para a música regional. Ali, contudo, verificava-se o contrário. O centro do campo estava repleto. Eu havia presenciado numerosas agregações de gente, na colônia, extasiara-me ante a reunião que o nosso Ministério consagrara ao Governador, mas o que via agora excedia a tudo que me deslumbrara até então.

"A nata de *Nosso Lar* apresentava-se em magnífica forma.

"Não era luxo, nem excesso de qualquer natureza, o que proporcionava tanto brilho ao quadro maravilhoso. Era a expressão natural de tudo, a simplicidade confundida com a beleza, a arte pura e a vida sem artifícios. O elemento feminino aparecia na paisagem, revelando extremo apuro de gosto individual, sem desperdício de adornos e sem trair a simplicidade divina. Grandes árvores, diferentes das que se conhecem na Terra, guarnecem belos recintos, iluminados e acolhedores.

"Não somente os pares afetuosos demoravam nas estradas floridas. (...) (Capítulo 45).

Há referências ainda quanto às edificações de *Nosso Lar*, em outros livros de André Luiz, que passamos a transcrever.

"Na véspera da partida, o Assistente Jerônimo conduziu-nos ao Santuário da Bênção, situado na zona dedicada aos serviços do auxílio, onde, segundo nos esclareceu, receberíamos a palavra de mentores iluminados, habitantes de regiões mais puras e mais felizes que a nossa.

"O orientador não desejava partir sem uma oração no Santuário, o que fazia habitualmente, antes de entregar-se aos trabalhos de assistência, sob sua direta responsabilidade.

"À tardinha, pois, em virtude do programa delineado, encontrávamos-nos todos em vastíssimo salão, singularmente disposto, onde grandes aparelhos elétricos se destacavam, ao fundo, atraindo-nos a atenção." (*Obreiros da Vida Eterna*, capítulo 2, FEB).

"No dia seguinte, após ouvir longas ponderações de Narcisa, demandei o Centro de Mensageiros, no Ministério da Comunicação. Acompanhava-me o prestimoso Tobias, não obstante os imensos trabalhos que lhe ocupavam o círculo pessoal.

"Deslumbrado, atingi a série de majestosos edifícios de que se compõe a sede da instituição. Julguei encontrar universidades reunidas, tal a enorme extensão deles. Pátios amplos, povoados de arvoredos e jardins, convidavam a sublimes meditações.

"Tobias arrancou-me do encantamento, exclamando:

"– O Centro é muito vasto. Atividades complexas são desempenhadas neste departamento de nossa colônia espiritual. Não creia esteja resumida a instituição nos edifícios sob nossos olhos. Temos, nesta parte, tão somente a administração central e alguns pavilhões destinados ao ensino e à preparação em geral." (*Os Mensageiros*, capítulo 3, FEB).

"No Templo do Socorro (1), o Ministro Clarêncio comentava a sublimidade da prece, e nós o ouvíamos com a melhor atenção."

"(1) Instituição da cidade espiritual em que se encontra o Autor. – *Nota do Autor espiritual*." (*Entre a Terra e o Céu*, capítulo 1, FEB).

4
LOCALIZAÇÃO DE "NOSSO LAR" – ESFERAS ESPIRITUAIS

A ilustração da página 127 nos mostra o campo magnético da Terra dividido em sete esferas, seguindo a tradicional concepção dos sete céus de que nos falam os antigos estudiosos das coisas espirituais.

Na realidade, cada uma dessas divisões compreende outras, conforme asseguram os Espíritos.

A primeira esfera comporta o Umbral "grosso", mais materializado, de regiões purgatoriais mais dolorosas e de cujas organizações comunitárias, conquanto estejam tão próximas, temos poucas notícias.

A segunda esfera abriga o Umbral mais ameno, onde os Espíritos do Bem localizam, com mais amplitude, sua assistência, e onde estão situadas as "Moradias". Cada desenho, semirretangular, que está assinalado nessa região, representa uma "moradia".

A terceira esfera, a rigor, ainda faz parte do Umbral, pois, sendo de transição, abriga Espíritos necessitados de reencarnação.

Nessa terceira esfera, localiza-se a cidade *Nosso Lar*, num ponto situado sobre a cidade do Rio de Janeiro e com uma altura que não podemos definir, mas que se encontra na ionosfera.

Sobre estas três esferas, os livros de André Luiz nos dão notícias, retratando edificações e organizações mantidas pelos Espíritos do Bem, tendo em vista o socorro e a assistência a Espíritos mais atrasados, bem como nos dizem das condições em que vivem os Espíritos sofredores fora do amparo dessas organizações.

Ao que se deduz das narrativas do citado Mensageiro, as esferas espirituais se distinguem por vibrações distintas, que se apuram à medida que se afastam do núcleo.

Sabemos que a Terra é um grande magneto que se projeta no Espaço, mantendo um campo magnético ativo e diferenciado que comporta as esferas espirituais, de modo que, por exemplo, quando se contrabalançam os magnetismos da Terra e de Marte, tocando-se, os dois mundos se interpenetram, pelas suas esferas extremas.

Mas, da Crosta até esse limite, os continentes e mares se projetam, e onde o Espírito estiver situado pela sua identidade vibratória, seja onde for nesse vasto campo magnético, sob seus pés terá terra firme e sobre sua cabeça céu aberto, já que seus sentidos não estarão aptos para perceberem as esferas que lhe estão acima. Nessa posição, terá a mesma geografia planetária que nos corresponde e o mesmo horário nosso, pois estará sob o mesmo fuso horário.

Lendo André Luiz, quando descreve a segunda e a terceira esferas, percebemos que, em ambas, há chão firme, sólido, terra fértil que se cobre de vegetação. Se assim é, fácil é perceber-se que, para seus habitantes, nós estamos vivendo no interior da Terra.

Percebe-se também, nos livros de André Luiz, que os Espíritos que estão acima podem transitar pelas esferas que lhes estão abaixo, mas os Espíritos que estão nas esferas inferiores não podem, sozinhos, passar para as esferas superiores.

O trânsito entre as esferas se faz por maneiras diversas. Por "estradas de luz", referidas pelos Espíritos como caminhos especiais, destinados a transporte mais importante. Através dos chamados "campos de saída", que são pontos nos quais as duas esferas próximas se tocam. Pelas águas, de se supor as que circundam os continentes.

No capítulo 3, de *Libertação*, FEB, encontramos referências aos "campos de saída".

Quando relata a maneira pela qual, em sonho, passou para uma esfera superior[6], André Luiz se refere a uma *embarcação*, com um *timoneiro* sustendo o *leme*, e com movimento de ascensão, indo sair à frente de um *porto*, tudo indicando que a passagem se deu através das águas do oceano.

Claro que se tratam de alguns aspectos rudimentares dessa questão importantíssima que é a das esferas espirituais da Terra. No futuro, por certo, os Espíritos, sobre essa e outras questões importantes, farão mais luz, ensejando-nos compreender mais um pouco o mundo que se encontra acima de nossa fronteira vibratória. É o que se deduz da afirmação contida no capítulo 15, do livro *Os Men-*

---

[6] *Nosso Lar*, capítulo 36, Editora FEB.

sageiros, FEB e que transcrevemos, encerrando este capítulo:

"(...) Há, porém, André, outros mundos sutis, dentro dos mundos grosseiros, maravilhosas esferas que se interpenetram. O olho humano sofre variadas limitações e todas as lentes físicas reunidas não conseguiriam surpreender o campo da alma, que exige o desenvolvimento das faculdades espirituais para tornar-se perceptível. A eletricidade e o magnetismo são duas correntes poderosas que começam a descortinar aos nossos irmãos encarnados alguma coisa dos infinitos potenciais do invisível, mas ainda é cedo para cogitarmos de êxito completo. Somente ao homem de sentidos espirituais desenvolvidos é possível revelar alguns pormenores das paisagens sob nossos olhos. A maioria das criaturas ligadas à Crosta não entende estas verdades, senão após perderem os laços físicos mais grosseiros. É da lei que não devemos ver senão o que possamos observar com proveito."

5

UM DOS TEMPLOS DE INICIAÇÃO, NO MINISTÉRIO DA UNIÃO DIVINA

Um dos Templos de Iniciação, localizado numa das pontas da estrela, representativa do Plano Piloto, onde está o Ministério da União Divina (pág. 128), presta-se à iniciação, para os Espíritos que atingiram *Nosso Lar* e que almejam passar à esfera seguinte, preparação que demora longos anos.

Acompanhando a forma do terreno onde se localiza, sua arquitetura tem linha triangular.

O templo dispõe de uma única *porta estreita*.

Comporta dois salões, sendo um no térreo e o outro no pavimento superior, ou cúpula.

Através dos vitrais, que existem em cada canto, durante o dia flui a iluminação natural. O material da cúpula deixa passar a luz.

Uma antena de captação de *Força Cósmica* está assentada na cúpula e ligada à aparelhagem adequada para o intercâmbio com os Planos Superiores.

Vê-se, ainda na cúpula, um arco íris simbolizando as energias solares através das cores. Também se veem duas constelações, o Cruzeiro e o Triângulo e, ao lado, as estrelas Alfa e Beta.

Alfa é uma estrela de primeira grandeza e um dos sóis mais próximos do nosso.

Fui informada de que o acesso ao tempo me era vedado.

Que Jesus nos abençoe, dando-nos uma nova oportunidade de trabalho.

6

O CASTELO DE VEGETAÇÃO

No parque de estudos, do Ministério do Esclarecimento, está o Castelo de Vegetação (pág. 129), com forma de estrela de cinco pontas, idealizado e realizado pela Irmã Veneranda, que dirige os serviços de estudos que nele se desenvolvem.

Quando fiz o desenho, que é uma visão aérea, de um Espírito volitando, não imaginava a beleza interior e o seu simbolismo.

Depois, algumas coisas me foram reveladas sobre seu projeto e execução.

Foi uma homenagem da grande Benfeitora ao Criador, na decoração simples tirada da Natureza, onde procurou retratar páginas vivas do Evangelho de Jesus.

Veneranda, com seu amor desmedido, plantou a trepadeira, dando-lhe a forma de uma estrela de cinco pontas.

O Castelo da Vegetação é um templo de estudo, na paisagem viva da Natureza, onde podemos estudar a evolução do Homem, a saber:

I - O Homem em forma de estrela. A trepadeira acha-se plantada no centro da área, conforme se poderá ver no esquema do desenho.

Cresceu, ganhou altura e, no início do caramanchão, sua ramagem tomou forma espiralada, à medida que se desenvolveu, até chegar o momento de separar as ramagens, para formar as pontas da estrela, que são cinco, representando o homem, a saber: as duas pontas inferiores representam os pés; as laterais, direita e esquerda, são os braços, e a vertical da estrela simboliza a cabeça. Veneranda deu, pois, à trepadeira essa linda forma humana.

II - A mesma trepadeira relata *A evolução do Homem*.

A semente é o princípio da vida. Essa Centelha Divina, depois de uma longa caminhada, encontra-se na monera.

O broto, no seu crescimento até atingir o teto, é o início da trajetória evolutiva do ser.

Depois que inicia o espiralado, vem o início do livre-arbítrio. Vai e volta nas sucessivas reencarnações.

As voltas que vão sendo dadas, para ampliar a circunferência, são os ciclos evolutivos do Homem, em milhões de anos, até que não mais necessite reencarnar. É quando toca nas cinco bases dos triângulos, transformando-se em uma Estrela e fazendo-se Espírito de Luz.

Lembramos as palavras de Jesus: "Faça-se Luz!"

Aí está a Evolução do Homem simbolizada na trepadeira que forma o Castelo da Vegetação.

Veneranda cultivou-a com tanto amor que ela cresceu, cobriu-se de flores luminosas (porque em *Nosso Lar* as flores armazenam a luz solar) e transformou-se na forma de lindo astro, templo divino da Natureza, onde tanto se aprende com Jesus.

O Castelo é página viva do Evangelho exemplificado, na nobreza do Espírito de Veneranda, a sublime Ministra de *Nosso Lar*, que no-lo deixou formado por uma singela trepadeira, encerrando tanta sabedoria.

Agradeci ao Benfeitor Amigo por me auxiliar a retratar, no singelo desenho, tanta maravilha do céu.

7
EDIFÍCIO DA GOVERNADORIA – O CASTELO DE "NOSSO LAR"

Por causa da atmosfera muito rarefeita da Cidade Espiritual, a luz e as cores são lindas e suaves. A paisagem é magnífica.

Possuo limitações para descrever a beleza, realmente divina, de *Nosso Lar*. Na estética das coisas mais simples, por exemplo no caramanchão de Veneranda, e por toda parte, encontramos a manifestação gloriosa de Deus.

Na beleza dos jardins da Praça, das alamedas, das fontes murmurantes e de toda a paisagem em floração recebendo o beijo do Sol, há uma perene festa de cor e luz.

O Castelo (pág. 130), que se encontra no coração da cidade, bem no centro da estrela que lhe dá forma, não poderia ser nota dissonante nessa esfera celeste.

Sua arquitetura é magnífica.

Em cor de neve, com as sete torres alvas estendidas para o céu azul, é mensagem de paz e templo divino de trabalho, do Homem diante de seu Criador. Harmonia perfeita, em ambiente de paz, luz e amor, ali tudo fala da grandeza de Deus.

O prédio se divide em sete setores de trabalho, sendo seis deles em torno do sétimo.

O corpo central do prédio, e a cúpula, destina-se ao Governador, sendo que os demais são ocupados pelos Ministérios, que são seis.

No anfiteatro da torre central, é onde o Governador e os setenta e dois Ministros se reúnem, ao crepúsculo, em oração, para louvar *O Coração Invisível do Céu*.

O anel da torre é um amplo salão redondo, de onde se avistam todo o horizonte circundante e a cidade espiritual. A visão daquela altitude é linda. Através do material cristalino da torre, avista-se ao longe.

Ao som das harmoniosas vozes dos Ministros, desenha-se no espaço o *coração azul*, que vem refletir-se dentro do salão, onde se realiza a sublime reunião do crepúsculo.

Em resposta às orações das setenta e duas figuras venerandas e do Governador, chegam das Esferas Superiores cantos angélicos, evidenciando a comunhão com o Criador dos Mundos, banhando-os de paz, luz e Amor Universal.

Nota – A fotografia, existente no Parque Hospitalar, de que fala André Luiz, foi tirada em uma dessas reuniões, quando o governador louvava, em pé, o *Coração Invisível do Céu*. Essa reunião diária é sagrada em *Nosso Lar*.

8
A CÚPULA DO CASTELO

Nesse Castelo, como disse, trabalha e vive o Governador da cidade.

A linda cúpula (pág. 131), de janelas ovais volteadas com delicadas pérolas realçando os lindos bordados do prédio e das torres, confunde-se com as nuvens brancas como neve. Ao pôr do sol, pontilhado de ouro, esse templo de trabalho é um poema a falar de Deus.

Há, numa cúpula do Castelo, um centro de informações, um verdadeiro acompanhamento da vida terrestre, com todos os requintes da mais avançada técnica eletrônica.

Existe ali uma enorme esfera, uma réplica do Globo Terrestre, com a geografia dos continentes e mares, dentro da qual funciona possante e complicada aparelhagem transceptora, via imagem e som, com notícias detalhadas de tudo quanto se passa nas esferas circundantes.

Em cada região do Globo se podem vislumbrar cenas ao vivo, registradas por esses sensíveis equipamentos, muito mais aperfeiçoados que os nossos implementos de comunicação. Através desse importante serviço, o Governador, juntamente com seus Ministros, pode acompanhar os fatos que interessam a todos.

É uma aparelhagem deslumbrante. Trouxe seu desenho para dar melhor ideia do trabalho magnífico do Governador e de seus cooperadores, em benefício da vida em nossa Terra.

Agradecida, rogo que Jesus os ilumine cada vez mais.

9
O PAVILHÃO DO RESTRINGIMENTO

Quando apresentei ao nosso Chico Xavier o desenho do restringimento, ele me disse:

– Heigorina, é isto mesmo o *Restringimento*. O processo é mais lento tratando-se de reencarnação compulsória, nesta categoria de Espírito. Leva mais de ano para completar o restringimento.

Assim que se inicia a fase do sono letárgico, o corpo espiritual vai se despojando da matéria grosseira, ficando o perispírito sutil, sem trazer-lhe prejuízo algum. Por exemplo: "A cobra que deixa a casca."

Olhando-me com uma pausa, acrescentou depois:

– Este despojo grosseiro é enterrado em lugar próprio, num *Cemitério*.

Apontando depois o desenho do resultado do restringimento, que tem a forma ovalada lembrando uma *pastilha*, informou-me:

– Quer seja a Senhora ou a Mãe Solteira, se não tiver no ventre materno o sêmen espiritual, não há fecundação pelo espermatozoide. Há a concepção espiritual e a material.

O Pavilhão do Restringimento (pág. 132) é inteiramente translúcido, deixando, portanto, passar os raios solares, cuja caloria é armazenada em aparelhagens próprias, visando o aquecimento de gavetas, iguais a berços, onde são depositados, em forma de sêmen espiritual, os Espíritos que passaram pelo processo de restringimento do corpo espiritual, para nova reencarnação.

São verdadeiras estufas aperfeiçoadíssimas, resguardando os reencarnantes que retornarão ao corpo físico.

Nessa fase, já estão esquecidos da existência anterior e prontos para nova experiência.

Destina-se aos Espíritos que são obrigados a se reencarnarem, por não poderem permanecer por mais longo período na erraticidade, para que possam seguir sua evolução, sob a regência das Leis Divinas. São Espíritos da *terceira ordem*, e sua reencarnação, por esse processo, é compulsória.

Nos prédios próximos ao Pavilhão – que não são somente os oito que aparecem no desenho –, funcionam serviços auxiliares, verdadeiros hospitais, que preparam o candidato, num estágio condicionador de sua esfera mental, a fim de sofrerem, depois, o restringimento do corpo espiritual (pág. 133), reduzido a um diminuto corpo ovalado onde estão preservados os seus centros de forças, a saber: o coronário, o frontal, o laríngeo, o cardíaco, o esplênico, o gástrico, e o genésico, que se localizam no corpo espiritual, matriz do corpo físico.

Chegado o momento da reencarnação, o Anjo Guardião daquele Espírito assume seu controle, conduzindo-o ao processo reencarnatório.

Há duas fecundações, no momento da concepção, sendo uma a que conhecemos, com a penetração do espermatozoide no óvulo, formando a célula-ovo, semente do corpo físico. A outra fecundação opera--se no plano espiritual e consiste na integração do Espírito reencarnante com o Espírito da mãe, que pode se operar de modos diversos e que, no caso, consiste na ingestão, pela mãe, em estado espiritual, do sêmen espiritual a que nos referimos.

É esta fecundação, a espiritual, que vai transmitir vida ao óvulo fecundado e modelá-lo segundo os planos da Divina Providência, para que venha à luz um Ser, filho de Deus, com determinadas oportunidades de aprendizado e reajustamento, na certeza de que nenhuma ovelha está distante da vista e do amor de seu Pastor.

Assim, quando um Espírito dessa categoria é levado ao processo reencarnatório, seu Anjo guardião, que o preside, oferece à mãe a semente espiritual contida no pequeníssimo corpo ovalado mostrado no desenho, que irá permitir a fecundação no plano físico.

Foi-me permitido trazer o desenho dessa forma de restringimento do corpo espiritual a fim de esclarecer o leitor amigo quanto ao trabalho sublime que se realiza nos dois planos da vida, em nome de Deus, pelos Benfeitores Espirituais, especialmente nosso Anjo Guardião.

Claro que existem outras categorias de Espíritos e, por isso mesmo, outras categorias de processos reencarnatórios.

Existem os Espíritos que já guardam o merecimento de decidirem sobre o seu próprio destino, claro, dentro dos limites de sua evolução e de suas necessidades. Ajudam a preparar suas fichas reencarnatórias e participam no estudo da elaboração do seu futuro corpo físico, assim como dos problemas e facilidades que deverão enfrentar no contexto familiar e social que lhes servirá de ambiente.

André Luiz disserta sobre o assunto no livro *Missionários da Luz*, edição FEB, nos capítulos XIII a XV, relatando a reencarnação de Segismundo.

Quando o Espírito alcança determinado estágio evolutivo, que lhe permite não mais reencarnar na Terra, ou em outro planeta do mesmo nível, naturalmente, estará sujeito a outros processos de ingresso em mundos superiores, que nos são desconhecidos.

10

NOVOS DESENHOS

Assim que os desenhos que deram origem ao livro *Cidade no Além* ficaram prontos, entendi que ali terminava minha participação nesse trabalho.

Entretanto, em uma de minhas visitas ao abnegado irmão Francisco Cândido Xavier, ele me perguntou:

– Como vão os desenhos?

– Que desenhos, Chico?

– De *Cidade no Além*.

Para mim foi uma enorme surpresa, uma vez que entendia tudo terminado. Chico continuou:

– Lucius está dizendo que é preciso continuar com os desenhos.

Fiquei pensativa e em silêncio. E ele reforçou a advertência:

– No Campo da Música, você colocou apenas um mosaico, com uma clave de sol, para dizer que ali é o Campo da Música. Precisa fazer o desenho.

Regressei apreensiva, sabendo que o trabalho não havia terminado e pensando na necessidade de rigorosa preparação espiritual, que deve anteceder ao desdobramento em visita aos locais que deverão ser desenhados, como notícias à Terra.

Nos dias que se sucederam, encontrei-me mergulhada na conscientização dessa tarefa, mas a ideia dos desenhos já me enchia o coração de alegria. Há quanto tempo já não sentia uma vibração de paz interior tão grande! Agradecia a Jesus essa nova oportunidade, quando iria reaquecer minhas faculdades mediúnicas paradas.

Veio a tarde e, quando encerrava minhas tarefas cotidianas, o Sol se deitava no poente. À noite, ainda com a alma inundada daquela vibração sublime, fiz minha prece, ouvi música suave e adormeci. Vi-me sair do corpo, entendi que me achava em pleno desdobramento, rumo à Colônia Espiritual.

Às vezes, só registramos a saída e a chegada do

corpo, ou ao local aonde vamos realizar o trabalho. Cremos que não há necessidade de registrar toda a trajetória da viagem, o importante é guardar na memória o lugar aonde vamos, para trazer o desenho.

Na verdade, não temos capacidade para tudo registrar e lembrar.

Fui informada de que, para ir a grandes distâncias, existem aparelhos que se deslocam com incrível rapidez e que pousam aqui na Crosta, para o transporte de Espíritos encarnados que, à noite, têm tarefas a cumprir no mundo espiritual.

Meu Benfeitor, gradativamente, desvendou-me tamanha beleza que existe além dos véus da carne. Certa feita, fez-me conhecer uma nave de transporte individual, com a forma de um pássaro, dispondo de um painel de controle; entrei dentro do pássaro, como se fosse uma roupa que me vestia, e senti o perispírito aderir às paredes internas da nave individual.

Desta vez, registrando apenas a saída e a chegada, chegamos ao Campo da Música (pág. 134), em plena cidade *Nosso Lar*.

Vi, desde logo, um lindo edifício, que é o Palácio do Cisne ou da música.

Pouca informação tive da origem daquele magnífico castelo que me surgia diante dos olhos deslumbrados de emoção, frente a tanta beleza.

A nossa capacidade de lembrar e desenhar o que vemos depende muito do nosso estado de alma no momento da visita, do interesse que nos desperta o móvel de nosso trabalho, a fim de tentar captar-lhe os mínimos detalhes, não só da forma, mas também das cores e luzes. Por isso, em nosso trabalho mediúnico, a disciplina é tudo.

11
O REGISTRO DO PALÁCIO DO CISNE

– Vamos iniciar a memorização pela cúpula (pág. 135) – disse-me o Benfeitor Amigo.

Trata-se de uma semicircunferência, formando uma abóboda de finíssimo cristal, em cuja extensão existem notas musicais dispersas, uma partitura de *O Canto do Cisne*. O colorido é de uma beleza indescritível.

Em cima da cúpula, há uma linda harpa.

Debaixo dela, o amplo salão redondo, aberto em sua volta, com pilares, formando espécie de sacada, dando visão total do Campo da Música.

Em seguida, o outro salão, inteirinho de paredes de cristal e, logo abaixo, aquele onde se acha o Cisne, dentro da piscina, em uma flor translúcida.

A orquestra costuma ficar dentro do Cisne.

A ornamentação varia segundo as músicas celestes que são executadas naquele castelo de luz e flores.

Fiquei a meditar na sublimidade das músicas que devem ser ouvidas ali, uma vez que lhe têm acesso apenas os Espíritos mais elevados. Registrando meu pensamento, o Benfeitor perguntou:

– Está ouvindo as músicas que estão sendo captadas pelos aparelhos?

– Não.

– Elas vêm de outras esferas celestes. Nossos aparelhos de som são muito mais aperfeiçoados do que os da Terra. Dispomos de muito mais recursos de transcepção. Aqui são ouvidas, constantemente, músicas das mais sublimes.

Encerrando o diálogo, convidou:

– Vamos acabar de fazer o registro dos detalhes do Castelo, terminando no saguão, com seus pilares e pisos maravilhosos, em volta do Palácio da Música, e os mosaicos de mármore, com a bela clave de sol desenhada neles.

Deparando a clave de sol, recordei nosso Chico e sua suave advertência para que retomasse o trabalho.

Foi no enlevo dessa grata recordação que acordei, trazendo nítida visão do Castelo da Música, que me possibilitou a feitura do desenho que ilustra este livro.

Então, recordei-me das últimas informações do Benfeitor Celeste com respeito à música:

– Os Espíritos que frequentam o Campo da Música têm por dever saber música. O seu estudo faz parte da evolução desses ouvintes. É uma Universidade Espiritual. Seus corações são tocados pela música, dando-lhes sentimentos angélicos, são harpas luminosas entrando em sintonia com a harmonia celeste, participando da Grande Orquestra Divina, que toca hinos sublimes sobre o Amor e a Caridade. Essas músicas são tiradas das sinfonias dos astros, que embalam berços de humanidades no Infinito. São ritmos harmoniosos da mecânica celeste, em cujo centro está Deus, Deus que é Amor.

A nossa eterna gratidão aos Benfeitores Amigos, dos dois planos da vida, por nos ensejarem a oportunidade de mais este desenho, do Palácio do Cisne, no Campo da Música.

12

RETORNO AO CAMPO DA MÚSICA

Não transcorreram muitos dias, e estávamos de regresso ao Campo da Música.

Não poderia perder mais tempo, pois Lucius tinha pressa em continuar o desenho daquele recanto de *Nosso Lar*.

Já conhecia o castelo e, agora, o que me deslumbrava era o anel formado pelas águas azuis, refletindo a claridade prateada da lua cheia, coroado de pontos de luz, reflexo das estrelas que salpicavam o firmamento. A água parada é o espelho a mostrar o Céu.

O símbolo do anel é o traço de luz entre o Criador e o Homem, através da música divina. Nesse enlevo espiritual, o Benfeitor me convidou para o trabalho de memorização.

O Castelo acha-se no centro do anel de água cristalina.

Pontes delicadas ligam as partes interna e externa do anel, dando acesso a quatro salões enormes, um em cada canto do Campo da Música.

As alamedas, em linda simetria, dando acesso às fontes luminosas, em forma de estrela, com lindos jardins, no belo policromo do Campo da Música, formam um lindo bordado visto pelo alto.

Na entrada do Campo da Música, não destoando do conjunto harmonioso, existe um belo coreto (pág. 136), onde estão dois corações, símbolos do amor sublime, que é um convite à meditação.

Todos os locais estão franqueados aos frequentadores do Campo da Música, mas eles não se misturam. Cada um procura o seu recanto de lazer. São eles mesmos que se agrupam em núcleos afins, de conformidade com a evolução espiritual de cada um. Este o motivo da divisão feita por eles mesmos. Ouvem a música que alimenta seu Espírito e sentem-se felizes naquele ambiente fraterno, em que comungam corações afins.

No Palácio do Cisne, só se ouvem Concertos Divinos.

As músicas que se ouvem lá não podem ser comparadas com as que se ouvem aqui na Terra.

O colorido das flores obedece à nota harmoniosa da Natureza.

É um verdadeiro concerto divino e celeste.

Alegra nossos Espíritos e, quando sentimos sua beleza, integramo-nos na Estrutura Divina.

A música, com sua melodia harmoniosa, arranca um doce embalo para nossa alma em ascensão.

Existe entre a música e as cores correspondência exata. Assim sentimos a grandeza de tons e acordes, harmonia e afinação.

Cores e música completam-se para dar ao *Nosso Lar* ambiente de equilíbrio. E, neste ambiente sublime, transportamo-nos à compreensão de uma vida melhor do Espírito.

Somente pelo Espírito podemos sentir a grande harmonia que se transfunde em amor puro, pois este rege os mundos. Músicas e cores se integram definitivamente na Lei Universal, porque representam o pensamento de Deus.

O anel, formado pelas águas, representa o elo divino entre o Criador e a Música.

As fontes de águas cristalinas, em forma de estrelas, são medicamentos espirituais e lindas ornamentações, com flores policromas e luminosas.

As árvores na simetria perfeita são verdadeiros espetáculos da Natureza. Na paz e harmonia do ambiente, que embala os que lá estão em profundo devaneio espiritual, faz sentir a grandeza do Criador – Deus.

Na festa de cores e música, com os astros a bailar na gravitação do Universo, obedecendo à grande sinfonia celeste, os Espíritos refazem as energias para o trabalho sacrossanto da Seara do Mestre.

Na parte externa do anel, temos os prédios que são os Clubes.

As programações do Palácio do Cisne são diferentes, mas somente são apresentadas músicas sublimes ou celestes.

A música clássica é executada nos salões e equivale à ópera, etc.

No Coreto, com os bosques, satisfazendo o gosto, é tocada música popular para os que lá frequentam.

Feliz daquele que já pode frequentar o Campo da Música, em *Nosso Lar,* mesmo debaixo das árvores, nos Templos Divinos, sob a luz das estrelas. Que lindo!...

Rogamos a Jesus, e ao Benfeitor Celeste, que nos permita, um dia, frequentarmos o Campo da Música, pelo menos o seu Coreto, debaixo das frondosas árvores, onde estão os dois corações, sentindo o Vosso, Mestre, junto ao nosso, no agradecimento ao Criador dos Mundos, apesar de nossa imperfeição, sob a luz das estrelas, e nos permita, ainda, ouvir a Grande Sinfonia dos astros, para nós, a maior manifestação de Deus.

Esta é a nossa súplica, partida de nosso coração reconhecido por tanta grandeza, Senhor, que a nossa alma está sentindo ao registrar o Campo da Música.

Obrigada Senhor, muito obrigada.

13

GRANDE SURPRESA – A CRUZ

Ao terminar os desenhos, apressei-me em levá-los ao nosso querido Chico, para que os visse.

Depois de dialogarmos longo tempo sobre os desenhos, e a mediunidade, Chico me perguntou de repente:

– Você não recebeu um desenho que tem uma cruz?

– Cruz, Chico?

– É.

– Não – respondi surpresa.

Houve uma pausa e, recompondo-me, acrescentei:

– Não recebi não e, aliás, não sou muito ligada a cruzes.

— Mas você vai recebê-lo.

— Mas cruz, Chico?!

Mudando a voz, numa atitude de respeito e com um sorriso angélico, ele disse:

— Ela é linda!

Houve uma pausa, um silêncio. Em minha simplicidade de espírito, pensei que fazer o desenho de uma cruz não deveria ser tarefa difícil.

Não me esqueci mais da expressão de nosso querido Chico quando se referiu à beleza da cruz.

Na realidade, quanto ao desenho, não tinha a mínima noção de qual cruz se referia.

Voltei para minha casa, e não pensei mais em cruz.

Passadas umas duas semanas, um dia levantei-me, numa manhã banhada de luz, com a alma muito feliz, como se algo bom devesse acontecer comigo.

Alvas nuvens corriam no azul celeste do céu. Que dia lindo! O canto dos pássaros, a Terra mesclada de cores e luz, tudo era um convite à meditação.

Era-me tão confortável aquele estado vibratório, que zelava para dele não sair, usufruindo a felicidade que me invadia o ser.

Cumpri minhas tarefas cotidianas continuando a sentir como se o céu tivesse se fundido com a Terra. Assim o dia se findou.

Veio o entardecer, que logo cedeu lugar à noite.

Coloquei minha música suave, fiz minha prece agradecendo a Deus por aquele dia feliz da minha vida e, nessa sintonia com a vibração do Alto, logo adormeci.

Vi-me no espaço, sentindo mais próximas as luzes das estrelas. Sabia que era um desdobramento, assim que saí do veículo físico, consciente até um certo momento.

Depois, que agradável surpresa! Estava num lugar celeste. Lá no centro, havia uma Cruz muito linda (pág. 137).

Engastada na junção das duas partes, uma estrela brilhante parecia um sol de primeira grandeza.

Controlei as emoções e pareceu-me ouvir, recordando, nosso amado irmão Chico repetir: – Ela é linda!

Sabia da disciplina que o momento impunha,

por estar em trabalho. As lágrimas de emoção impediam-me de ver a sublimidade da paisagem viva, não podendo, assim, fazer o registro do magnífico desenho.

Foi quando o Benfeitor Amigo me esclareceu, compassivo:

– Estamos no Ministério da União Divina, na pontinha da estrela de *Nosso Lar*. Memorize para o desenho. As árvores, com sua postura erecta, representam uma ligação com o Alto. Há aqui reuniões com a abóboda pontilhada de astros, no Céu, em pleno Céu. Cada uma dessas árvores representa um Ministro de *Nosso Lar*. São setenta e duas, formando um triângulo. Tudo aqui, na Colônia, é simbólico. A árvore de tronco grosso, onde estão os bancos, é a Árvore do Evangelho à qual Jesus se referiu, aqui representando o Governador. No plano mais alto, onde está o jardim, há doze árvores resguardando a Cruz e simbolizando os Apóstolos. A Estrela de primeira grandeza representa Nosso Senhor Jesus Cristo quando veio ao planeta. A Cruz está sobre o Globo da Terra, dentro de um cálice de cristal, e de seus braços jorra água pura e *quem dela beber jamais terá sede*.

Contemplando aquela paisagem celeste, mais uma vez me veio à lembrança as palavras de meu Orientador na Terra:

– Ela é linda!

Aqui, deixo o desenho que pude executar, agradecendo ao nosso Chico e ao nosso Benfeitor Amigo tantas alegrias espirituais que temos recebido, apesar de nada darmos em troca.

Obrigada, Senhor!

14

O BOSQUE DAS ÁGUAS

O desenho que consegui registrar é muito pálido diante da realidade. É paisagem morta, sem beleza. Por mais que tenha me esforçado, através do colorido, para dar vida ao desenho, não consegui trazer a real beleza desse recanto, o Bosque das Águas (pág. 138). Vou tentar descrevê-lo.

Os frondosos arvoredos obedecem à simetria de traçado harmonioso, com suas delicadas ramagens de folhas translúcidas e flores luminosas.

Os troncos deixam ver a seiva circulando, dando-nos uma lição da bênção da vida. As árvores são verdadeiras bailarinas no palco da Natureza, ao roçar da brisa. As folhas acompanham o ritmo, no murmúrio melódico, fazendo dueto com os pássaros que saltitam nos galhos com a sua plumagem policroma.

Ali, um nascer ou pôr do sol é sempre um hino de louvor ao Criador na harmonia de cores, sons e luz. À noite, sob o esplendor das estrelas, com as flores luminosas, a paisagem torna-se lindo panorama que não consigo traduzir com a nossa linguagem.

Avistamos um pequeno percurso do Rio Azul, deslizando em pequena corrente tranquila, para ganhar, depois, naquele recanto, uma cascata onde, em baixo, as águas reunidas formam um lindo coração, regando o magnífico local.

Ao lado, um reservatório de água para os frequentadores, que para ali vão em refazimento de forças em plena Natureza, enquanto outros tecem compromissos reencarnatórios, em clima de paz e amor.

Nesse ângulo de visão, deixei o singelo desenho, sem nenhuma pretensão artística, rogando ao Senhor da Vida que abençoe os corações espirituais que ali vão em busca de lenitivo e que conceda maiores recursos a fim de que possamos retratar mais fielmente as maravilhas celestes de *Nosso Lar*.

Obrigada, muito obrigada, Senhor, por mais esta oportunidade que nos foi concedida, apesar da nossa pequenez! Obrigada, Senhor!

15
REUNIÃO DO CREPÚSCULO

Em um dos desdobramentos, fomos ao Parque Hospitalar. Entramos em um lindo e enorme salão do Recinto da Prece, do Parque Hospitalar. Tudo estava imantado de vibrações sublimes, traduzindo a harmonia do ambiente divino.

Ao fundo, em alto relevo, vimos quadro representando a Reunião do Crepúsculo, no Templo da Governadoria. Os personagens, isto é, os setenta e dois Ministros e o Governador, que se acha sentado, com os braços estendidos para o alto numa posição de prece, estão todos em tamanho natural louvando o *Coração Invisível do Céu*. Parece cena viva, com jogo de luz e o colorido natural dos participantes da cerimônia sublime.

Verdadeira obra de arte!

Há outros mais simples, não tão fiéis quanto esse que lembra, em sublimidade, a Ceia do Cristo.

O Benfeitor procurou fazer o teste de capacidade, para gravar o conteúdo do quadro e depois desenhá-lo.

Senti-me tão pequenininha diante de tanta grandeza e sublimidade daquela cena viva, com aquele coração azul espargindo luz sobre todos, iluminando-os em foco divino.

Como haveria de desenhar um quadro como esse, uma obra-prima?!

Naquele momento, sonhei em ter o dom artístico de um Michelângelo, para poder retratar tanta beleza daquela cena divina.

Não pude esquecer a sublimidade da visão. Regressei ao corpo físico com uma tristeza oprimindo-me a alma, na impossibilidade de realizar o trabalho da noite.

Quantas e quantas tardes, ao pôr do sol, lembro-me do quadro.

Adoro o Céu desde criança, a apreciação do crepúsculo me atrai fortemente. Olho as pinceladas mágicas do Pintor Celeste, o colorido na sua variedade que não se mistura. A harmonia das cores dá uma partitura angélica às notas escritas neste poema da tela divina. Cada cor correspondendo a um som. Colorido e música se fazem sentir nestas tardes de luz, som e cores, fazendo-me lembrar além, muito além, *Nosso Lar*.

Em pensamento e prece, fico a recordar essas paragens de paz e amor.

Vinculada à cena divina, eis-me de retorno ao Parque Hospitalar.

Foi me dada nova oportunidade de voltar ao Salão.

Lá no fundo, estava o quadro magnífico. Só que, desta vez, não pude chegar perto dele e avistei--o de longe.

O Benfeitor conduziu-me a um ângulo do Salão onde havia, ampliado, um retrato em que também o Governador se acha em pé, com os braços estendidos, louvando o *Coração Invisível do Céu*, com os setenta e dois Ministros sentados (pág. 139). Não é tão lindo quanto o outro, ao fundo, pois se trata de uma fotografia.

Mesmo assim, sentindo a incapacidade de fazer

o registro para o desenho, reagi, dizendo-me que iria tentar levar pelo menos esse pálido esboço, para retratá-lo no papel.

Registrei-o e, ao despertar, mais feliz, procurei, com muito esforço, desenhá-lo. Não tenho facilidade para desenhar rostos. Fi-lo apenas para dar uma pálida ideia, leitor amigo, da reunião divina que se realiza ao crepúsculo, em *Nosso Lar*.

Toda a colônia se põe em ligação mental direta com o Governador.

Aí está, na medida da minha capacidade, o pálido desenho que apresento, com muito esforço e a amorável proteção de nosso Benfeitor Amigo, em benefício de quem elevamos nossa súplica a Jesus.

Obrigada, Senhor, por mais este trabalho! Obrigada, Senhor!

Enquanto aguardamos esta alegria, das alegrias espirituais, a de orarmos na colônia *Nosso Lar*, façamos aqui na Terra, ao pôr do sol, a nossa prece, procurando haurir energias e preparando-nos, a fim de merecermos, um dia, participar do Grande Banquete Espiritual com Jesus, em *Nosso Lar*.

16
COLÔNIA DE EURÍPEDES BARSANULFO
[NOVA EXCURSÃO DA AUTORA, EM DESDOBRAMENTO]

A Colônia Espiritual de Eurípedes Barsanulfo, a que se refere o desenho de sua planta baixa (págs. 140, 141), encontra-se localizada em espaço sobre a cidade de Sacramento (MG).

Olhando-se a planta baixa da cidade *Nosso Lar*, pode-se concluir que o planejamento da Colônia foi inspirado nos princípios arquitetônicos daquela, uma vez que muito se assemelha em sua divisão em setores, agrupando os trabalhadores do setor e dividindo-se em quatro *asas*, correspondendo cada uma a um campo de atividade.

O prédio central, de forma redonda, abriga a Administração da Colônia e, por fora dele, os Parlatórios, em forma de U, símbolo do Universo, e em número de quatro, um para cada setor, destinam-se ao diálogo entre os residentes e os visitantes à procura de orientações, em transitório desdobramento, para receberem instruções que conseguem guardar de memória quando despertam no mundo físico, com instruções e lembranças nítidas.

As quatro divisões da Colônia são as seguintes:

1. *O RECINTO DA ORAÇÃO*

Onde, naturalmente, estuda-se o Evangelho de Nosso Senhor Jesus Cristo e se ora, individualmente ou em conjunto, como o próprio nome esclarece.

2. *O HOSPITAL*

Onde são recebidas as criaturas recém-desencarnadas para o tratamento que necessitam no seu processo de readaptação ao mundo espiritual, tendo em vista o equilíbrio do corpo espiritual.

3. *A ESCOLA*

Onde se ensina o respeito às Leis Divinas e matérias que interessam aos residentes como Astronomia, Patologia Espiritual, etc.

4. *ARQUIVO ESPIRITUAL DA COLÔNIA*

Como o próprio nome define, trata-se de centro para onde convergem todas as informações que dizem respeito aos tutelados da Colônia, inclusive aqueles que ela promoveu a reencarnação e se acham ainda na carne.

Como se vê no desenho, as quatro divisões são marcadas com floridas alamedas, e as construções obedecem a uma simetria idêntica no seu todo. Quando apresentamos o desenho ao nosso Chico, dizendo-lhe ser da Colônia de Eurípedes, ele nos disse:

– Uma das Colônias...

E nos referiu uma que está sobre a cidade de Palmelo (GO), dizendo haver ainda outras delas.

Tivemos notícias dessa Colônia Espiritual de Eurípedes Barsanulfo pela mediunidade de nosso querido médium Francisco Cândido Xavier, em mensagem que consta de seu livro *Vozes da Outra Margem* (IDE Editora, Hércio M. C. Arantes, Espíritos Diversos), no capítulo "Casa de Eurípedes no Mundo Maior", do qual destacamos os seguintes trechos:

"Capítulo 17

Casa de Eurípedes no Mundo Maior

Quando o senhor Edem recebeu em Uberaba, pelo lápis mediúnico de Chico Xavier, a 16 de junho de 1984, afetuosa carta de sua progenitora, D. Noêmia Natal Borges, prima de Eurípedes Barsanulfo, não esperava que, juntamente com notícias mais ligadas ao seu reduto familiar, ela trouxesse amplo noticiário da grande família "euripidiana", já domiciliada no Plano Espiritual.

De fato, além dos consanguíneos, existe imensa família de corações, encarnada e desencarnada, gravitando em torno do missionário sacramentano que se doou à Humanidade, num apostolado de amor dos mais expressivos. Pois, em suas múltiplas funções: de destacado homem público, como jornalista e vereador; de emérito professor, com inovações pedagógicas avançadas para a época, aplicadas no Colégio Allan Kardec, que ele fundou em 1907; e de dedicadíssimo espírita, atuante em várias áreas, como orador, doutrinador e especialmente médium, dotado de várias faculdades, destacadamente a de cura – ele soube exemplificar a fé viva, o trabalho perseverante e a caridade sem limitações.

E, bem sabemos, suas atividades no Mais Além continuam, invariáveis, desde a sua desencarnação, em 1918.

Não é de se estranhar, portanto, que a "Casa de Eurípedes", localizada no Mundo Maior, conforme definição da mensagem que transcreveremos a seguir, seja uma imensa instituição, "de extensão difícil de ser mostrada com frases terrestres", refletindo, naturalmente, a extensão de recursos espirituais que irradiam desse tão querido servidor de Cristo:

Meu querido Edem,

Deus nos abençoe.

Agradeço a sua bondade filial, tentando a obtenção de notícias minhas.

(...) Gastei alguns dias, segundo imagino, para acordar, de todo, com bastante lucidez e fui informada de que estava admitida à Casa de Eurípedes, onde cada coração dispõe de espaço suficiente para aprender e renovar-se. Ali reencontrei a querida vovó Meca, o pai Manoel, a Eulice, a Mariquinhas, o Homilton, e quanta gente, meu Deus, que me lembrava o tempo em que perguntava pelos desencarnados queridos sem resposta.

Não sei como descrever a moradia de nosso querido Eurípedes, porque numa extensão difícil de ser mostrada com frases terrestres, ali se dividem o Lar, a Escola, o Hospital, o Recinto da Oração e os Parlatórios para diálogos entre os residentes e os visitantes à procura de orientações, incluindo os amigos ainda encarnados que chegam até nós em transitório desdobramento para receberem instruções que conseguem guardar em memória, quando despertam no mundo, como intuições e lembranças que muitos consideram fantasia.

Ali, numa união fraterna em que se entrelaçam os nossos melhores sentimentos, estavam Amália Ferreira, Maria da Cruz, Maria Duarte, Sinhazinha Cunha, e outras muitas companheiras de ideal e trabalho, cuja companhia nos facilita o aprendizado do amor verdadeiro.

Dentre os mais novos companheiros recém-chegados, destaco a Corina, em preparativos para novas atividades na benemerência do ensino; o Ismael, do Alcides, comprazendo-se em acompanhar a mãezinha e a esposa, os filhos e descendentes com o amor que lhe conhecemos; o Jerônimo, sempre atraído para as boas obras de Palmelo; a Edalides, ainda presa a São Carlos; e muitos outros amigos do bem que, unidos, inspiram-nos a felicidade de crer no amor fraterno e no trabalho sem qualquer ideia de recompensa. (...)

AS
IMAGENS

No centro da Praça o Palácio.

▽ Fontes luminosas
▭ Jardins floridos.
🪑 Os bancos.
🔺 As cidades.
▯ ▢ ▫ Os quarteirões.
• Árvores menores
⬚⬚ / ⬚⬚ "Salões Verdes"

G· E. do Governador,
E. do Estudo
V· das visitas e o
RC· do M. da Regeneração
Nº 1 - Ministério da Regeneração
Nº 2· M. do Auxílio
Nº 3· M. da Comunicação
Nº 4· M. do Esclarecimento
Nº 5· M. da Elevação
Nº 6 M. da União Divina

Desenho mediúnico, feito pela Heigorina Cunha.
Sacramento 11 de Agosto 1981.

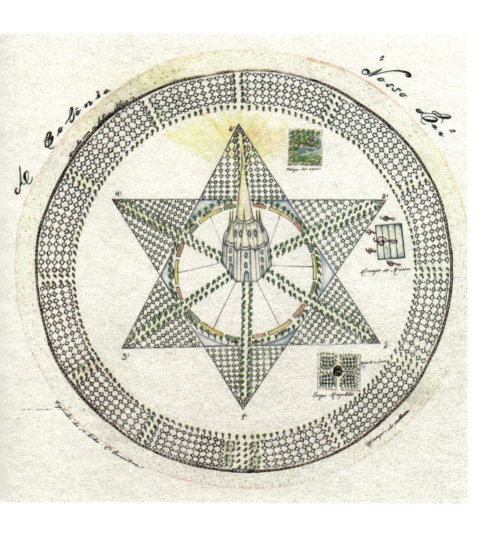

Planta baixa da Colônia "Nosso Lar"

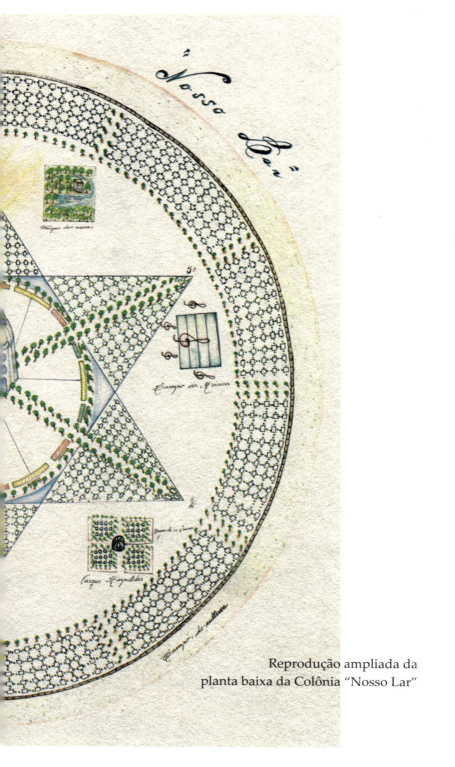

Reprodução ampliada da planta baixa da Colônia "Nosso Lar"

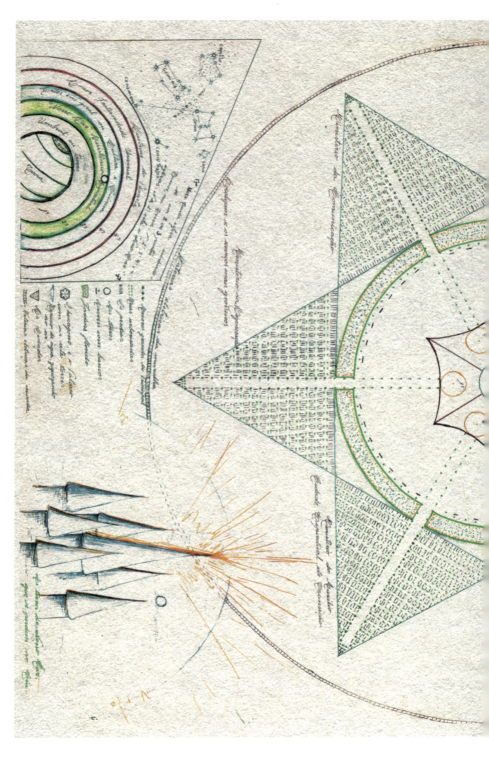

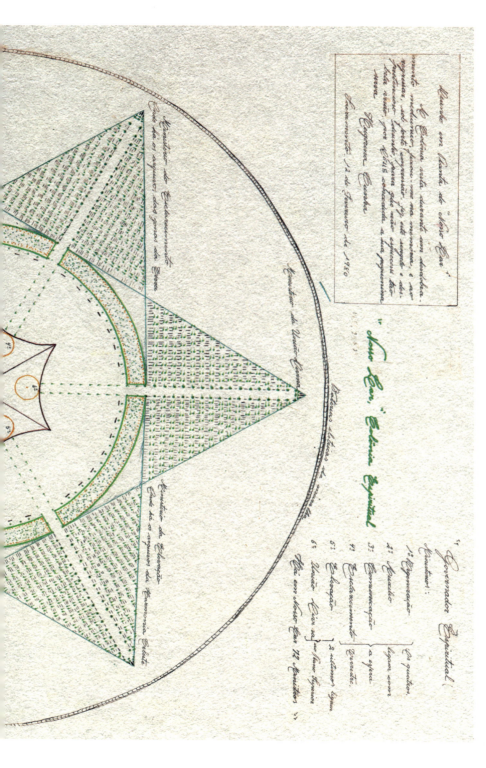

A cidade Nosso Lar, assinalada com uma estrela, está localizada na terceira esfera acima da Crosta, sobre uma extensa região do Estado do Rio de Janeiro (entre as cidades do Rio de Janeiro e Campos / Itaperuna), em faixa que pode ser definida como a periferia do Umbral.

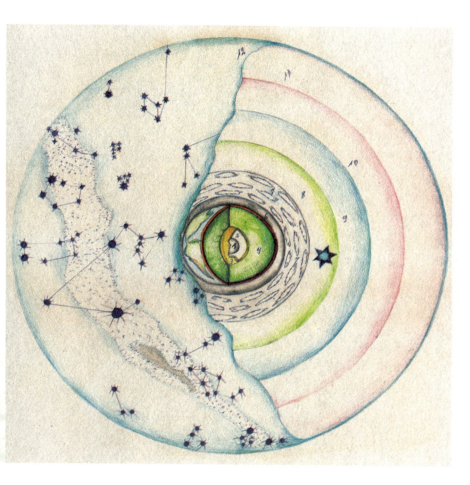

As esferas espirituais:
1 – Núcleo interno, 2 – Núcleo externo, 3 – Crosta, 4 – Manto, 5 – Crosta terrestre, 6 – Umbral grosso, 7 – Umbral médio, 8 – Umbral (onde está localizada a cidade espiritual Nosso Lar), 9 – arte em geral ou cultura e Ciência, 10 – Amor Fraterno Universal, 11 – Diretrizes do Planeta, 12 – Abóboda Estelar.

Um dos templos de iniciação, no Ministério da União Divina, construído em estilo egípcio.

Nos parque de educação do Esclarecimento.
"Um verdadeiro castelo de vegetação, em forma de estrela, dentro do qual se abrigam cinco numerosas classes de aprendizados. No centro, funciona enorme aparelho destinado a demonstrações pela imagem, a maneira do cinematógrafo terrestre, com o qual é possível levar a efeito cinco projeções variadas, simultaneamente."

Edifício da Governadoria, "encabeçado de torres soberanas que se perdem no céu". No alto, o aeróbus. Desenho concluído em 11/10/1981.

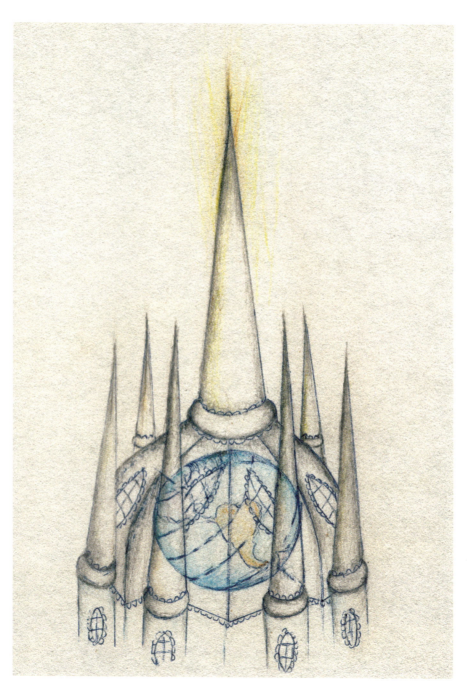

As Torres da Governadoria.

Pavilhão de Restringimento, no Ministério da Regeneração, onde os Espíritos são preparados para a reencarnação, sofrendo o restringimento do corpo espiritual para o tamanho adequado ao processo.

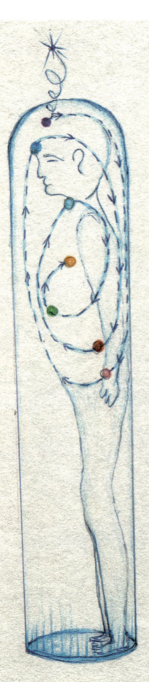

Esquema muito simplificado de aparelho eletromagnético de restringimento do corpo espiritual para reencarnações compulsórias e adiadas, e pequeníssimo corpo ovalado em que resulta, contendo todo o substrato do Espírito reencarnante, sendo que os pontos indicados correspondem aos seus centros de força.

O Campo da Música vendo-se, no centro, Palácio do Cisne e, ao redor, fora do espelho de água, os Coretos.

Cúpula do Palácio do Cisne.

Coreto popular do Campo da Música.

A taça com o globo terrestre e a Cruz.

Vista aérea do Bosque das Águas, onde aparece o Rio Azul.

A oração do Crespúsculo
com a formação do Coração Azul.

Planta baixa da
Colônica Espiritual de Eurípedes Barsanulfo.

IDE | Conhecimento e educação espírita

No ano de 1963, Francisco Cândido Xavier ofereceu a um grupo de voluntários o entusiasmo e a tarefa de fundarem um periódico para divulgação do Espiritismo. Nascia, então, o Instituto de Difusão Espírita - IDE, cujos nome e sigla foram também sugeridos por ele.

Assim, com a ajuda de muitas pessoas e da espiritualidade, o Instituto de Difusão Espírita se tornou uma entidade de utilidade pública, assistencial e sem fins lucrativos, fiel à sua finalidade de divulgar a Doutrina Espírita, por meio de livros, estudos e auxílio (material e espiritual).

Tendo como foco principal as obras básicas de Allan Kardec, a preços populares, a IDE Editora possui cerca de 300 títulos, muitos psicografados por Chico Xavier, divulgando-os em todo o Brasil e em várias partes do mundo.

Além da editora, o Instituto de Difusão Espírita também se desenvolveu em outras frentes de trabalho, tanto voltadas à assistência e promoção social, como o acolhimento de pessoas em situação de rua (albergue), alimentação às famílias em momento de vulnerabilidade social, quanto aos trabalhos de evangelização infantil, mocidade espírita, artes, cursos doutrinários e assistência espiritual.

Ao adquirir um livro da IDE Editora, além de conhecer a Doutrina Espírita e aplicá-la em seu desenvolvimento espiritual, o leitor também estará colaborando com a divulgação do Evangelho do Cristo e com os trabalhos assistenciais do Instituto de Difusão Espírita.

www.idelivraria.com.br

idelivraria.com.br

Pratique o "Evangelho no Lar"

Aponte a câmera do celular e faça download do roteiro do
Evangelho no lar

Ide editora é nome fantasia do Instituto de Difusão Espírita, entidade sem fins lucrativos.

◻ ideeditora   ◻ ide.editora   ◻ ideeditora

◄◄ **DISTRIBUIÇÃO EXCLUSIVA** ►►

Av. Porto Ferreira, 1031 | Parque Iracema
CEP 15809-020 | Catanduva-SP
📞 17 3531.4444   💬 17 99777.7413

◻ boanovaed
▶ boanovaeditora
f boanovaed
🌐 www.boanova.net
✉ boanova@boanova.net

Fale pelo whatsapp

Acesse nossa loja